如果你连**27**天都不愿意付出
你永远都只能做一个业余营销选手

27天 做一个职业营销选手

TO 27 DAYS:FROM NEW HAND PROFESSIONAL IN MARKETING

百年盛世营销管理咨询总裁　赵一沣◎著

北京师范大学出版集团
BEIJING NORMAL UNIVERSITY PUBLISHING GROUP
北京师范大学出版社

图书在版编目（CIP）数据

27天：做一个职业营销选手／赵一沣著.—北京：北京师范
大学出版社，2010.4
ISBN 978 7 303 10827 5

Ⅰ.①2… Ⅱ.①赵… Ⅲ.①企业管理－市场营销学
Ⅳ.① F274

中国版本图书馆 CIP 数据核字(2010)第 032430 号

营销中心电话	010-58802181 58808006
北师大出版社高等教育分社网	http://gaojiao.bnup.com.cn
电子信箱	beishida168@126.com

出版发行：北京师范大学出版社 www.bnup.com.cn
　　　　　北京新街口外大街 19 号
　　　　　邮政编码：100875
印　　刷：北京联兴盛业印刷股份有限公司
经　　销：全国新华书店
开　　本：170 mm × 240 mm
印　　张：12.5
字　　数：130 千字
版　　次：2010 年 4 月第 1 版
印　　次：2010 年 4 月第 1 次印刷
定　　价：29.00 元

策划编辑：戴　轶　　责任编辑：高　玲
美术编辑：毛　佳　　装帧设计：润和佳艺
责任校对：李　菡　　责任印制：李　丽

CONTENTS

27 Days: From New Hand to Professional in Marketing

职业营销选手的天职

《简单营销系列丛书》，写到《27 天：做一个职业营销选手》这一本，已经是第三本了。我深刻地感觉到了困惑与郁闷，选题与框架早就与出版社确定好了，但脑海中构思好的书籍内容，一旦要落实到 Word 文档里的时候，就仿佛变成了一块大石头压在胸口，不仅落字艰难，而且还会胸口发闷。很长一段时间，我都处于这种状态之中。

这个世界上的事情往往就是这样，你越是想知道答案，它越是跟你捉迷藏，但当你暂时把它放在一边不理的时候，它偏偏就水到渠成了。昨天一位 3 年不见的老朋友，到深圳来旅游，几个朋友一起给他接风。他是浙江一家中型企业的老板，近 3 年的业绩不错，目前正在冲击创业板。寒暄以后，他侃侃而谈他人生的三大梦想：在当年最困难的创业时期，他就立下誓愿，终其一生一定要实现三个愿望：

第一是拥有 100 万元以上的身家。

第二是拥有一家自己的企业。

第三是要出版一本自己的书籍。

也许是做咨询顾问的职业习惯使然，我碰到某些企业掌舵人侃侃而谈，如果不泼点冷水，就感觉浑身不舒服，朋友们戏称我们这些咨询顾问就是现代版唐僧，可以把所有貌似妖怪的老板，说得想去上吊。我的冷水迎头泼下去："好像你三年前就是跟我这样说的，怎么三年以后你的三大愿望还是没有改变？"也许是他们对我爱泼冷水的刻薄已经习惯了吧，朋友倒是很大度，不无感慨地说："第一条不用说了，早早就完成了；第二条也早就实现了，现在就是第三条没时间实现。所以我一直在招聘总经理，想找一个合适的人把公司撑起来，我就可以安心写书了，哈哈，你们有没有合适的，给我推荐一个！"

我的习惯基本上就是，既然泼了冷水就要一路泼到底，于是我不假思索地说："好像你三年前也是这样说的，而且谁能成功推荐一个总经理，酬劳是10万元啊！"朋友哈哈大笑，"现在涨价了，谁给我推荐一个合适的，我出100万！"我的冷水倾盆而出："按照我的经验，估计你这出书的愿望很难实现了，10万元推荐费找不到的总经理，估计100万悬赏也找不到，原因是你自己还没想好要请一个什么样的人做总经理，所以现实生活中就没有一个人能让你觉得合适；3年都抽不出时间写书，估计再来30年还是没时间。"

朋友被我的冷水泼得有点受刺激了，"老赵，你不是说2010年要出第三本书吗？怎么也还没动静，是不是也在招总经理啊！其实你老兄写书容易多了，每年讲那么多天课，随便挑一两个讲得好的课程，现场录下来，让秘书整理成文字，随便改一改，3天就出一本书了。"我刚要开始反驳，好好给他上一堂咨询顾问的职业操守课，朋友们有点看不过去，开始有人打圆场了，"深圳人现在流行，白天求生存，晚上求发展，你们两个家伙，白天求生存不靠写书，晚上求发展也不靠写书，全部都是不折不扣的业余选手，来来来，还是喝酒要紧。"

于是泼冷水的广告短片，换成了喝酒的电视连续剧。深夜回家后，我坐在了电脑前面，也许是酒精的副作用，也许是受朋友的刺激，我的头脑异常地清醒。把写一本书，作为人生的目标，确实太过沉重了；把讲课的过程速记成一本书，也太过儿戏了。写书，写书，写书，白天写书不是为了生存，晚上写书不是为了发展，这说明我根本不是一个职业作者，充其量只能算一个业余作者。

作为一个业余作者，我不会痛苦到要去当哲学家的地步，也没有快乐到一头猪的程度。我这个业余作者，写《简单营销系列丛书》的目的，其实就是为了给所有读者展现一幅营销实战的全景图，商业社会的本质就是营销竞争永不停息，商业社会所有的企业都必须把营销战争进行到底。那么，营销的底到底在哪里呢？营销的底不在于战略，也不在于战术，营销的底就扛在营销者的肩膀上。我们都知道要找职业的人做职业的事，所以我们看病找医生，打官司要找律师，那么营销我们找谁呢？当然只能找职业营销选手。《简单营销系列丛书》的第一本是写营销战略，第二本是写营销策略，第三本不写职业营销选手，还能写什么呢？

在《简单营销系列丛书》第二本《企业营销再造》的结尾部分，我们就知道了，现在的营销世界很多实话其实是恶意的，很多谎言其实是善意的！很多话非常正确，但正确到了没有价值的程度！我们的企业，参加全世界范围的营销奥运会，并不缺乏企业营销再造的决心，我们真正缺乏的是实施企业营销再造的职业营销选手。在这里，我们不妨先把《简单营销系列丛书》的脉络梳理一下。

在战略上藐视敌人

《简单营销系列丛书》的第一本，书名是《营销其实很简单——从销售到营销的跨越》，这本书在营销战争全景图中的定位是：在战略上藐视敌人。

营销战略最简单的解释，就是企业对未来市场做出的营销选择。中国改革开放 30 多年，我们的企业凭借营销的力量，在市场上杀开一条血路之后，就开始追求基业常青的卓越。事实上，基业常青不是一个目标，而是一个结果，所谓卓越实际上就是长时间保持优秀的一个结果。营销战略需要的不是像帝王追求长生不老一样的渴望，营销战略需要的是长时间保持优秀的清醒。

清醒的营销战略是决策现在而不是预测未来，任何妄想通过营销战略去预测未来市场的行为，都是非常愚蠢的；营销战略是承担市场风险而不是消除市场风险，全世界最棒的营销战略，也不可能完全规避市场风险；营销战略是一场企业变革而不是企业的宏伟蓝图，营销战略要面对的敌人，不仅仅是市场上的竞争对手，更重要的是真实地面对自己。

很多人对我说：营销很复杂；糟糕；艰难；甚至痛苦！我说：你在撒谎！你说的不是营销！你说的是缠身多年的疾病！为什么我们的企业会把营销形容成缠身多年的疾病呢？唯一的原因就是我们从战略层面把营销复杂化了，沉迷于短期行为的销售，从来没有真正开始去营销。

战略上藐视敌人，不是因为营销其实很简单，是因为我们实现了从销售到营销的跨越。这本书从战略层面明确指出，一个营销者的战略时代已经来临，营销唯一的规则就是赢利。要实现从销售到营销的跨越，我们的营销战略必须要坚持强盗逻辑，穿越标新立异的理论，突破急功近利的技巧，运用三维的营销动作，从用武力征服市场到用智慧影响市场的过程中，锻造自己的营销模式。

在战术上重视敌人

《简单营销系列丛书》的第二本，书名是《企业营销再造——抢在竞争对手前面知道的秘密》，这本书在营销战争全景图中的定位是：在战术上重视敌人。

营销战术永恒的主题，就是资源的调配。未来的营销，既不会重复过去某个人的辉煌，也不会再现现在某个事件的经典。未来营销的价值，体现在一个企业整体的营销和这个企业营销模式的成功。所有的营销动作，如果还不能围绕一个具体的企业展开，或者不能打造这个企业营销的独特价值模式，营销就永远没有上上策！如何在企业发展的每一个阶段，都把企业的资源调配到最需要的市场，这才是营销战术永恒的主题。

营销战术的成功，永远是企业自身资源调配模式的再造。在商业社会，我们必须正视的现实就是：企业不是把营销缩小为一个部门的职责；就是把营销扩大到整个市场；其实营销执行的最小单元就是企业。企业营销，是企业在营销。企业无非就是一个商业组织，营销只不过就是一种财富交换方式。所有企业的营销战术，都必须锻造一种企业整体去营销的模式，或者说是一种把一个企业营销出去的模式。

在战术上重视敌人，不是仅仅抢在竞争对手前面知道一些秘密，而是必须实施系统的企业营销再造。再造的第一层意思就是再生，再造的第二层意思是重建和复兴，在营销战术层面，企业营销模式的创新，最简单的资源调配路径就是：

锁定商业模式——归零企业定位——聚焦选择市场——差异商品组合——突破顾客价值——迅速整合团队——把握品牌切入——简单经营管理。

在战役中控制结果

《简单营销系列丛书》的第三本，书名是《27 天：做一个职业营销选手》，这本书在营销战争全景图中的定位是：在战役中控制结果。

营销战略是对未来的选择，毛主席当年说："只有社会主义才能救中国"，"枪杆子里出政权"，这些就是战略。战术就是资源的调配模式，林彪实战中总结的一点两面、四快一慢、三猛等，这些就是战术。1908年，蔡锷提出战役是一个作战等级，并指出："军者，战役中能独立专任一方面之战事者也。"战役必须遵循战略的选择，战役要严守战术的某些模式，但战役的价值在于，必须由执行者自己去控制战役的结果，这个结果，就是职业营销选手的天职。

职业营销选手的天职，就是要在每个营销战役中控制结果。消灭敌人，保护自己，其实并不是营销战役想要的结果。伊拉克战争中，美英联军为了快速达成作战目的，初期直接发动了"斩首行动"，将打击重心指向了萨达姆核心领导层，随后发动了"震慑行动"，打击的重心转为攻击伊拉克军民的战斗意志和士气。职业营销选手，从来不会打杀敌一千，自损八百的战役，甚至连自损一百，杀敌八千的战役，都不是职业营销选手想要的结果。所有营销战役的结果，就把握在执行战役的营销人员手中。

营销战役中，拥有职业营销选手的企业，得到自己想要的结果，用业余选手参与竞争的企业，战略再正确，战术再巧妙，也永远得不到想要的结果。所有想获得营销成功的企业，除了拥有自己的职业营销选手以外，根本别无选择。全球营销人每年淘汰率高达25%，这不是残酷，这就是竞争。业余营销选手打戴护具的业余比赛，职业营销选手打没有护具的职业联赛。一个人选择了营销这个职业，除了成为职业营销选手其实同样别无选择。

职业营销选手必须在营销战役中控制结果，因为他们就靠这个吃饭。如果你也想吃营销这碗饭，尝试一下本书中的27天训练，绝对是一个有收获的选择。命好不如习惯好，有人说：养成一个好的习惯需要14天，有人说养成一个好的习惯需要21天。为什么本书说27天就能做一个职业营销选手呢？原因有三点。

第一，国防科工委月球探测工程中心编撰、科学出版社出版的《中国探月》一书指出：地球上每天是24小时，而月球上的一天约相当于地球上的27天，而且13天半是阳光普照的白天，13天半是寒冷的黑夜。业余营销选手生活在白天，职业营销选手生活在黑夜，这就是我们说的：白天不懂夜的黑！每个想成为职业营销选手的人都必须明白，从业余营销选手到职业营销选手的过程，就如同到月球上过一天，看别人登月容易，自己做到并不简单。

第二，中国人对三特别偏爱，本书也不敢例外。业余营销选手之所以业余，冰冻三尺非一日之寒，如果想成为职业营销选手，让别人士隔三日刮目相看，就绝对不能三天打鱼两天晒网，必须经历三回九转。职业营销选手27天训练，分为心态、素质、能力三大模块，称为三回；每个模块九个小节，称为九转。凡人得不到天书，全信书不如无书，专家老师也是凡人，迷信专家是糟蹋自己！"三人行，必有我师焉"，"择其善者而从之，其不善者而改之"，才能真正举一反三，运用自如。否则不管三七二十一急功近利，死记硬背，学得四不像，后果自负！

第三，营销从来就不是一门学问，营销就是行动！行动！再行动！一个人的行动是能力，一个团队的行动是业绩，一个企业的行动是绩效！这个世界虽然是不公平的，但这个世界永远是公证的，时间对每个人都一样，最富有的人每天也不可能拥有25个小时。27天成为职业营销选手不是一个神话，但绝对是一道门槛。成为一个职业营销选手，如果你连27天都不愿意付出，你付出的将是一生的业余营销生涯。

我对所有读者表示遗憾，虽然已经出版了三本书，但我绝对不是一个职业作家，希望没有浪费你的时间和金钱。作为一个业余作者，居然近3年来有每年出版一本新书的成绩，我真的感到非常地幸运，我的内心此刻充满感恩：

非常感谢我的家人，《营销其实很简单》这本书，基本上是用晚饭后的休息时间完成的，断断续续地写了将近3年。那个时候真正是我白天求生存，晚上求发展的时候，白天全天在工作，晚上半夜在写书，非常感谢全家人的支持，尤其是我的妻子和儿子，谢谢你们！

非常感谢北京师范大学出版社的戴轶编辑，《营销其实很简单》出版以后，工作一忙起来，我自己真的忘记了再写一本的必要，是出版社戴轶编辑的3次电话，给了《企业营销再造》问世的机会，第一次她告诉我出版社人员变动了，版税以后联系她；第二次她告诉我《营销其实很简单》重印了；第三次她说出新书要联系他们；感谢北京师范大学出版社的编辑们！

非常感谢我们百年盛世的同事，是他们把原来我手中一项一项的工作承担了，我现在真的感觉轻松了很多。很多我觉得只有我亲力亲为才能做好的事情，他们都能够比我做得更好。最近大家的口头禅是：赵总很忙，没重要的事别打扰他。尤其是小宋和小秦，感谢你们！

职业营销选手营销是为了吃饭

　　所有的业余营销选手，其实都希望有朝一日能够成为职业营销选手，鲜衣怒马，笑傲江湖。但营销这个现代江湖，却有着截然不同的规律，这个规律就是，营销这个行当，拜师是拜不到真师的，学艺是学不到真本事的。

　　经常有人对我说："赵老师，我拜你为师好不好？"我的回答只有一个："不好！"不是他不好，也不是我不好，而是用拜师这种方式学习营销不好，对于职业营销选手来讲，客户永远是最好的老师。

　　也有人需要所谓技艺上的指导："赵老师，这个事情很棘手，你给我指点两招！"我的回答是："没招！"不是这个事情没有办法解决，也不是我没有办法，而是对于职业营销选手来讲，营销根本没有技巧。几乎所有的职业营销选手都是自学成才的。几乎所有营销人都喜欢《真心英雄》这首歌，因为营销这个职业，确实没有人能够随随便便成功，不经历风雨，根本见不到彩虹。

　　区别职业营销选手和业余营销选手，实际上是非常难的一件事情。营销是一个低门槛但高难度的职业，业余营销选手无知者无畏，表面看起来往往比职业营销选手表现得更职业；职业营销选手胸有成竹步步为营，经常有意无意地表现得非常业余。从职业营销顾问的角度，百年盛世营销咨询总结了职业营销选手与业余营销选手的17个区别，与大家共享。

1. 职业营销选手喜欢一个人去营销，业余营销选手害怕一个人下市场

曾几何时，一句"他不是一个人在战斗"，风靡全中国。实际上，职业营销选手一直都认为：营销就是一个人的战斗！而且是必须一个人撑到底的战斗！等根本等不来帮助，靠根本找不到依靠，哀求呼喊更没有用，不但天不会灵，地不会应，甚至根本没有同情。沿街乞讨的乞丐有人同情，没有业绩的营销人员绝对不会有人同情！如果一个营销人说：我寂寞，我害怕，我不想一个人去！这绝对是业余营销选手！如果一个营销人说：太好了，让我一个人去！这就是职业营销选手！

2. 职业营销选手只管自己的产品，业余营销选手喜欢承揽天下市场

职业营销选手只关注自己的产品，个个都是自己产品的专家。业余营销选手关注天下大事，评论行业兴衰，自己的产品特点和卖点还没有搞清楚，就对整个行业的发展下判断。和平年代水涨船高，业余营销选手还可以浑水摸鱼，一旦经济环境和行业走势发生波动，水落石出的时候业余营销选手就无法滥竽充数了。职业营销选手永远只对自己的产品负责，游刃有余！业余营销选手要对整个行业负责，怨声载道！

3. 职业营销选手刺激客户，业余营销选手奉承客户

业余营销选手认为：全世界的人都愿意听好话，所以他们奉承客户。职业营销选手认为：说什么不重要，重要的是要让客户睡不着觉。客户睡不着觉会怎样？他睡不着觉就会想你说的话到底是什么意思？于是他

越想越觉得有意思，然后就按这个意思去办了！怎样才能让客户睡不着觉呢？就是去刺激他。职业营销选手从来不相信：一大堆奉承的话，会刺激得客户睡不着觉，所以职业营销选手几乎从来不当面奉承客户。

4. 职业营销选手说变脸就变脸，业余营销选手喜欢做老好人

你知道什么叫变脸吗？职业营销选手的变脸，不需要川剧变脸的舞台功底，更不需要一哭二闹三上吊的演戏天分。职业营销选手的变脸就是：说翻脸就翻脸，说认错就认错！发现客户做错了，说翻脸就翻脸；发现自己做错了，说认错就认错，这就是职业营销选手！客户错了不温不火，自己错了不紧不慢，总是要当老好人，是业余营销选手的典型表现。

5. 职业营销选手认为客户知道的很多，业余营销选手认为自己知道的很多

在职业营销选手眼里，市场是检验真理的唯一标准。任何一个客户能够在一方市场有立足之地，绝对都不是侥幸得来的，营销绝对是一个跟人精打交道的职业。业余营销选手认为客户不过如此，就这个水平能把生意做到现在这个程度，简直不可思议，营销就是聪明人愚弄傻瓜的职业。职业营销选手认为客户知道的很多，总试图从客户那里学点东西；业余营销选手认为自己知道的很多，总想教客户点什么。

6. 职业营销选手藏身在品牌后面，业余营销选手总是站在品牌前面

品牌其实是一个非常中性的词汇，有好的品牌也有坏的品牌。职业营销选手非常重视个人品牌，职业营销选手认为打造个人品牌的方式是：千方百计地维护自己代表的企业和销售的产品的品牌，只要自己所在的企业，自己销售的产品有品牌，自己的品牌就永远不倒。业余营销选手也很重视个人品牌，业余营销选手认为个人品牌大于一切，宁可不要产

品品牌，牺牲企业品牌，也要保住个人品牌。

7. 职业营销选手从不承诺，业余营销选手经常承诺

　　面子都是别人给的，脸都是自己丢的。职业营销选手的信条是：最守信用的人是从来不承诺的人。承诺对于职业营销选手来讲，是绝对的高压线，能不承诺绝不承诺，实在不得不承诺，3 天能做好的事情，一定承诺 5 天完成。业余营销选手恰恰相反，为了表现自己的诚意和能力，总是一厢情愿地随意承诺，结果经常是为了一个无法兑现的承诺，再许下 1 000 个无法兑现的承诺。

8. 职业营销选手的目标是业绩，业余营销选手的目标是赢得别人的尊重

　　职业营销选手永远以业绩为第一目标，职业营销选手相信：客户要赚钱，企业更要赚钱，只要我有业绩，客户和企业都赚钱，地球都会围着我转，如果我没有业绩，客户和企业都赚不到钱，我早晚被地球转晕。业余营销选手也关注业绩，但他们认为获得别人的尊重更重要，领导要尊重我，业绩不好是市场问题，客户要尊重我，你赚不到钱是你的问题，更有趣的是，业余营销选手很少意识到，这个想法很业余。

9. 职业营销选手为客户做的事情都要回报，业余营销选手认为为客户做事是应该的

　　职业营销选手认为：天下没有免费的午餐，对营销人员是这样，对客户更是如此。KA 要促销，好！你先补货，经销商要扩大区域，好！你先承诺销量，消费者要最低折扣，好！请出示会员卡。业余营销选手认为：客户就是上帝，你不给 KA 促销，被清场怎么办？你不给经销商扩大区域，他窜货怎么办？你不给客户最低折扣，他不买了怎么办？结果就是职业营销选手获得回报，业余营销选手经常被逼无奈。

10. 职业营销选手销量和利润都要，业余营销选手认为销量比利润重要

营销人员的考核激励，是世界性的管理难题。有一万个企业在市场上营销，就有一万种营销人员考核激励制度。不管面对怎样的制度，职业营销选手认为：营销人靠销量生存，但必须靠利润发展，销量会让任何人开心，但没有利润的销量对任何人都是噩梦！业余营销选手认为，营销永远是一种量的艺术，只要我有销量，我才不管企业和客户的利润。

11. 职业营销选手谈判先兵后礼，业余营销选手谈判先礼后兵

千万不要认为彬彬有礼的营销人员都是职业的，那里面起码有50%都是业余的。业余营销选手总是喜欢先去谈判，实在谈不下来了，再刀兵相见。职业营销选手可没有这样的涵养。职业营销选手已经在市场上布好了局，在关键环节给你挖好了坑，才会彬彬有礼地来谈判。结果就是职业营销选手往往一谈就成，业余营销选手越谈越僵。

12. 职业营销选手认为营销没有技巧，业余营销选手认为任何营销都有诀窍

职业营销顾问与职业营销选手的想法是一样的：营销根本没有技巧，所有的营销都是最基本常识的运用。那为什么诸如《营销秘籍》《一招搞定客户》《10倍提升业绩的技巧》之类的课程和书籍会如此流行呢？第一个原因是，业余营销选手太多了，他们总是希望速成的技巧破解日积月累的市场顽疾；第二个原因是，职业营销顾问也要吃饭，职业营销选手本来就少，现在的所谓的营销专家又这么多，不靠迎合业余营销选手吃饭，就可能没饭吃。

13. 职业营销选手业绩好的时候话多，业余营销选手业绩差的时候话多

没有任何证据表明：拥有语言天分，能说会道的人才能够成为职业营销选手。职业营销选手见人说人话，见鬼说鬼话，不人不鬼说胡话，这只不过都是不实的江湖传言。实际上，职业营销选手没有业绩的时候，基本上都是非常低调的，自己都感觉底气不足。业余营销选手恰恰相反，业绩一旦低落，就到处去找理由解释，恐怕别人不知道他的业绩很差。这一点在销售会议上最明显，职业营销选手没有业绩的时候，不要说发言了，连坐都尽量坐在角落里。

14. 职业营销选手认为隔行如隔山，业余营销选手认为隔行不隔理

职业营销选手认为，人的精力是非常有限的，能够用有限的精力熟悉一个行业的运作已经非常不容易了，所以职业营销选手认为换行业是非常艰难的事情，当他们不得不更换行业的时候，他们也会说：虽然都是做营销，我可能至少需要半年熟悉和适应时间。业余营销选手认为人的能力是无限的，能营销东东，再去营销西西绝对没问题，业余营销选手换行业的时候这样说：虽然跨行业，但营销是相通的，我相信绝对没问题。

15. 职业营销选手 3 年做一个企业，业余营销选手一年做 3 个企业

职业营销选手不但很少换行业，甚至换企业对于职业营销选手来讲，都是至少 3 年才会做出的选择。对于职业营销选手来讲，想留在一个企业 3 年，绝对不仅仅好好工作那么简单，职业营销选手的职业底线是：我想留就绝对不会被赶走，我想走就绝对不会被留住。业余营销选手潇洒得多，此处不留爷，自有留爷处，结果就难逃业余的宿命：想留的企业被赶走，想离开的企业被留住。

16. 职业营销选手认为质量是自己的问题，业余营销选手认为质量是生产的问题

职业营销选手只营销质量好的产品，这是职业营销选手的生命线。职业营销选手认为，只有自己营销的产品质量是过硬的，自己所做的一切才有价值。业余营销选手无论产品质量如何，把货卖出去才是自己的生命线，质量是生产出来的，不好可以保修和退货。相对于质量，业余营销选手更关注价格，一分钱一分货，只要价格合适什么产品都能营销。职业营销选手总是建议，质量应该如何改进。业余营销选手总是叫嚷，价格应该再低一些。

17. 职业营销选手为了吃饭而营销，业余营销选手为了营销去吃饭

职业营销选手知道营销是一碗青春饭，没有可能自己四十岁的时候还去做区域经理，职业营销选手没有用某个产品造福人类的理想，更没有朋友遍天下的志向，职业营销选手营销就是为了吃饭，做营销钱不是一年赚的，但全家人天天都要吃饭。业余营销选手潇洒得多，常常为了达成营销去请别人吃饭，业余营销选手始终质疑：连饭都不请酒都不喝，那能算做营销吗？业余营销选手认为请客吃饭是营销的基本功，那些以营销为借口，经常出没在餐厅酒吧的人十之八九都是业余选手。职业营销选手营销为了吃饭，当一个人为了吃饭而去做一件事情的时候，他会怎样做？民以食为天，职业营销选手把营销看做自己的天。

人生是一场马拉松式的竞争，营销是一场拳击式的竞争。业余营销选手打戴护具的业余比赛，输赢都不会伤筋动骨；职业营销选手打没有护具的职业联赛，输了就可能没有饭吃。这17个区别，不是一时的感慨，也不是职业营销选手与业余营销选手的全部区别，但这些全部都是事实，信不信由你。

第一章

职业营销选手立自己于不败之地

10 年以前我有一个口头禅：我下围棋从来没有输过，不是因为我只跟比我下得差的人下，是因为我根本就不会下围棋，我根本没有下过，所以我没有输过，哈哈！你说，这算不算立自己于不败之地！

我自己很得意，周围的人也认为我很牛，我甚至每一次给营销人员培训，都拿这个当开场白！直到有一天，我碰到了一个真正的职业围棋选手。他说的话很少，但却非常经典："你不了解选手，职业围棋选手，下棋是为了吃饭。为了吃饭，只能尽量多地赢棋！"我深刻地感觉到一阵刺痛，用不下棋的方式去立于不败之地，不但不是一种精神胜利，而且是一种对下棋的逃避和对赢棋的放弃！下棋就是为了赢棋，最业余的棋者也知道这个常识！

心态确实是一个非常奇妙的东西，曾经的绝对真理，转眼之间的漏洞百出！难怪神奇教练米卢说：态度决定一切！作为一个不算职业的假球迷，看中国足球相对而言最舒心的日子，就是米卢执教国家队的日子。不管怎么样，那个时候，中国足球终于跟"快乐"这两个字有了联系，无论是媒体的报道，还是自己的心里，快乐足球似乎离中国足球和中国球迷很近。除了那段时间，无论是之前还是之后，伴随中国足球和中国球迷的只有两个字：郁闷！无论我怎么努力地调整心态，我还是郁闷！

世间万事万物，你可用两种观念去看它，一个是正的，积极的；另一个是负的，消极的。这就像钱币，一正一反；该怎么看，这一正一反，就是心态，它完全决定于你自己的想法。好的心态可使人快乐，进取，有朝气，有精神；消极的心态则使人沮丧，难过，没有主动性。你认为自己是什么样的人，你就将成为什么样的人。烦恼与欢喜，成功和失败，仅系于一念之间，这一念即是心态。

你如果认为上面关于心态的这段描述是正确的，那么你跟我当初一样，对于心态的理解非常业余。实际上，真正职业的心态，不是用来调来调去的，而是用来锁定胜利的！不管世界有多复杂，其实任何时候，我们只要盯住一点就够了！埋怨太多，批评太多，甚至想法太多的时候，原因只有一个，就是我们能够把握的太少！

心态的钱币只有两面，怎样才能不败？真相其实非常简单，每个职业营销选手都清楚地知道，所有营销的成功其实都不是奇迹，而是最基本常识的运用。永远只关注自己想要的那一面，永远只选自己想要的那一面，永远得到自己想要的那一面，这才是真正能够立自己于不败之地的职业心态！

语言表达其实也有职业和业余的区别。这个世界上所有使用成语和华丽的辞藻表达自己意图的人，都是业余的语言表达选手！职业语言表达选手，从来不使用成语和华丽的辞藻表达自己的意图。这个世界上，不使用成语和华丽的辞藻表达自己的意图的，只有两种人，小孩和老人。小孩觉得太慢，要吃，要玩，说话不如哭一下来得快！老人觉得太累，是赞许还是批评，不如点头、摇头来得爽快！

关于立自己于不败之地的心态，我们先来讲一个小孩的故事。几乎每个成年人都有给小孩讲故事的经历，非常令人惋惜的是：那些讲故事的成年人，大多数都是讲故事的业余选手。所以几乎每个中国小孩，听到的故事都是类似于"狼来了"的反面教材。业余故事选手，讲吓唬孩子的反面故事多，讲鼓励孩子的正面故事少。其实孩子最强的能力是模仿，你天天给他讲撒谎多么不好，他想的就是要模仿一下撒谎；你天天给他讲诚实的孩子多么受人喜爱，他想的就是要模仿一下诚实！业余与职业的区别，不是一线之间，而是钱币的两面！

从前有一个小孩，无论业余还是职业讲故事，开头都是这样的。小镇上有一个8岁的乞丐，被所有人嘲笑为傻瓜乞丐，但是他却是当地最成功的乞丐。有一次，一个富翁遇见了他，一手拿着10元钱，一手拿着1元钱，让他选择，他选择了1元，所有的人都笑他是个傻瓜。大家把这件事情当做一个笑话传播，于是很多人都去试验他，是不是真的只选1元，不选10元。于是这个只要1元不要10元的小孩，成为当地最成功的乞丐，因为别的乞丐是找人去要钱，而他是等着别人送钱来选！小孩的说法引人深思：每个大人都喜欢拿小孩来开心，我每一次都选少的，就会有人不断送钱过来，我知道我要靠别人的开心来赚钱！

关于立自己于不败之地的心态，我们再来讲一个老人的故事。几乎每个成年人都听过老人讲的故事，非常令人遗憾的是：几乎所有听老人讲故事的成年人，都是听故事的业余选手。我们给小孩讲故事的时候，讲的其实都是虚幻的东西，因为他们没有经历过真如铁的事实，鲜如血的教训，对于没有经历过的人来讲都只是虚幻。我们听到的老人讲给我们的故事，其实基本都是自己的经历，饱经沧桑的老人，看所有虚幻的东西，都会触动曾经的真实感受，同样一段经历，就算他给你讲一百遍，其实就有一百种不同的含义。所谓的成年人，对老人最常说的一句话就是：这个我已经听过一百遍了！但是只有职业听众，才能听出一百种不同的含义。业余与职业的区别，不是一线之间，而是钱币的两面！

从前有一个一向落寂的小镇，镇中心突然建起了一座美丽的庄园。庄园的建筑富丽堂皇，庄园的景色幽雅怡人。小镇上的人都没有进去过，只知道里面住着一位富有的老人。隔着庄园的围墙，人们看到老人迎着朝阳浇灌园林，伴着晚霞坐在秋千上看书。有一天小镇上最顽皮的一群孩子，再也耐不住庄园的诱惑，跳过了围墙，在庄园尽情地玩耍。老人出现了，手里拿着 10 个金币，笑着说：你们的游戏太棒了，我非常喜欢，再重新照原样来一次，这些金币就是你们的了。孩子们太开心了，尽情地玩耍还可以换来钱，所以他们认真地重复着每一个动作，老人交给他们 10 个金币的时候，笑着说："太棒了，明天早点来。"第二天，孩子们早早就开始来为老人表演他们的游戏了，老人看着哈哈大笑，孩子们要离开的时候，老人拿出了 5 个金币，笑着说："太棒了，明天早点来。"孩子们不干了："为什么不是 10 个金币，变成了 5 个？"老人笑着说："昨天我是第一次看，所以给 10 个，今天是第二次看了，只能给 5 个了，第三次我会给一个，第四次以后，就不会再给了！"孩子们愤怒了："你太吝啬了，我们再也不会为你这样一个吝啬的人表演了！"孩子们一哄而散，老人悠闲地坐在秋千上自言自语："太棒了，只用 15 个金币，以后就不会再有人打扰我看书了！"

业余与职业的区别，不是一线之间，而是钱币的两面！如果你还不知道我要对大家说的是什么，我建议你，再把小孩和老人的故事看一遍。因为事实就是如此：一个人是职业选手还是业余选手，跟年龄根本没有关系，关键在于，你是否知道你是谁？你想要的到底是什么？

永远积极，永远主动，永远激情，永远把心态调整到最积极的一面！业余营销选手认为这是真理，你对职业营销选手讲这些，他们会笑掉大牙。永远积极，永远主动，永远激情，是把营销选手当神仙，完全抛弃七情六欲，我们一出生的时候，饿了要哭开心要笑的时候，就知道这是骗人的！永远把心态调整到最积极的一面，是把营销选手当圣人，笑看世态炎凉，从我们认识 1 元与 100 元的区别那天开始，我们就明白那是谎言！

业余营销选手没有贫穷到像那个小孩一样去乞讨，但业余营销选手每一次都想拿大的，结果就是大小通失，沦为乞丐！业余营销选手没有富裕到像那个老人一样独享私家花园，但每一次都不肯为自己不喜欢的事付出代价，结果就是不喜欢的事越来越多，喜欢的事越来越少！

不但业余营销选手与职业营销选手斗会失败，所谓的营销大师与职业营销选手斗，一样会失败，因为职业营销选手在心态上已经立于不败之地。

业余与职业的区别，不是一线之间，而是钱币的两面！事实永远比我们所有人推测的都要简单：职业营销选手清楚地知道，自己是谁，自己想要什么，应该怎样去拿到自己想要的东西，所以职业营销选手能够永远立于不败之地。立自己于不败之地，是职业营销选手能够在营销战役中，控制战役结果的第一步。

第一天：职业营销训练是个鬼东西

如果你真的想成为一个职业营销选手，请时刻提醒自己：业余与职业的区别，不是一线之间，而是钱币的两面！你今天能够得到的东西，仅仅就是钱币的一面，这一面也没什么了不起，仅能够帮助你立于不败之地。人与事物的接触就是这样，如果你用一天时间不能抓住它的本质，再给你100天的时间，你抓住的仍然还是皮毛！

不了解一种事物的时候，我们习惯称这个事物为鬼东西，也许你前100次都冤枉了新鲜事物，但碰到职业营销选手训练这个东西的时候，你说得一点都不夸大，因为职业营销选手训练，确实是一个鬼东西！职业营销选手训练的第一天，我们的目标只有一个，了解一下职业营销选手训练这个鬼东西的本质。

《现代汉语词典》对"训练"的解释是"有计划有步骤地使某些人具有某种特长或技能"！训练是指人有意识地使受训者发生生理反应（如建立条件反射、强健肌肉等），从而改变受训者素质、能力的活动。这也是本书在前面不厌其烦地讲关于钱币的故事的真正原因，那些看似无用甚至无聊的故事，实际上是潜移默化地触动我们的反射神经。和教育一样，训练也是培养人的一种手段。但这种手段与被动接受未知领域的教育或者培训不同，训练要求在受训者必须有反应的条件下进行，所有想成为职业营销选手的营销人员必须清楚，训练不仅仅是培养职业营销选手的一个手段，而且是唯一手段！

职业营销选手训练有三鬼，第一鬼就是从来不教基础知识。 教育以人为本，它教我们语文，从"a，o，e，i，u，ü"到"山，石，土，田，日，水，火"；也教我们数学，从"1，2，3，4，5，6"到"加，减，乘，除，平方，立方"。职业营销选手训练是鬼，从来没有讲解营销基本知识的义务，如果你现在还搞不清楚"产品，价格，渠道，促销，顾客，成本，方便，沟通，市场细分，目标客户，定位，整合营销传播"这些营销基础知识是什么，你接受职业营销选手训练，一定是非常吃力和辛苦的，我们劝你还是先去看看书补补课，因为职业营销选手训练从来不教营销基础知识，只强调一次，不行就再来10遍！基础知识既然称为基础，无论是业务选手还是职业选手，既然上了营销的船，无论船是"贼船"还是"航母"，基础都是必须自己去打的，如果你还没有看过下面10本书，请先打好基础再来参加职业营销选手训练营；如果你以前看过，也请再翻开读书笔记看一下；如果你连读书笔记都没有记，那么请你再重看一遍。没有基础的职业营销选手训练，就像业余球迷看足球一样可笑：罗纳尔多在自己禁区里摔倒了，有个女球迷大喊：啊！罗纳尔多摔倒了！怎么不判点球？裁判真是个黑哨！职业营销选手训练，我们不需要这样无知的可爱！我们习惯称以下10本书籍是职业营销选手的基础装备。

第1本：《市场营销》——菲利普·科特勒

第2本：《营销管理》——菲利普·科特勒

第3本：《营销十戒：过失与解决方案》——菲利普·科特勒

也许你很奇怪，为什么一共只推荐10本书籍，菲利普·科特勒一个人就占了3本。其实这本来就是一个职业营销选手必备的知识，菲利普·科特勒没有太多的头衔，他只有一个每个职业营销选手都知道的称呼："现代营销学之父"。菲利普·科特勒也没有太多荣誉，但每个职业营销选手都知道：他是美国营销协会（AMA）第一届"营销教育者奖"的获得者。菲利普·科特勒也没有担任过很多企业的顾问，只不过每个职业营销选手都知道这些企业是：IBM、通用电气（General Electric）、AT&T、默克（Merck）、霍尼韦尔（Honeywell）、美洲银行（Bank of America）、北欧航空（SAS Airline）、米其林（Michelin）。对于职业营销选手来讲，在理论上碰到的营销问题，菲利普·科特勒已经帮助我们解决了80%；在实践中碰到的营销问题，菲利普·科特勒至少已经帮助我们解决了30%。

第4本：《基业常青》——吉姆·柯林斯和杰里·波勒斯

第5本：《从优秀到卓越》——吉姆·柯林斯

业余营销选手都会非常奇怪，为什么这两本似乎与营销没有任何关系的研究企业的书籍，会成为职业营销选手的基础知识。每个职业营销选手都清楚地知道，真正的营销不是某个人的个人辉煌和经典事件，真正的营销是一个组织的行为，这个组织就是企业。企业作为一种组织形式，其实也没有什么了不起，只不过营销能够成为一种职业，就是因为有企业的存在。如果全世界所有的企业都不存在了，你提供的东西也可以叫产品，你做的事情也可以是服务，别人认可你也可以算品牌，只不过这一切都加在一起，也不是营销！

第6本：《定位》——艾·里斯和杰克·特劳特

第7本：《营销战》——艾·里斯和杰克·特劳特

第8本：《竞争战略》——迈克尔·波特

业余营销选手认为这些离"把货卖出去，把钱收回来"太远了，甚至与"搞定客户"根本没有关系。职业营销选手清楚地知道，营销其实与做人没什么区别，看一个人的价值看他的朋友是谁是看不准的，但只要看他的敌人是谁，你就知道了这个人的价值。竞争是营销永恒的主题，这其实就是营销存在的价值。如果没有竞争，其实营销也可以存在，但没有竞争的营销可以拥有一些，唯独没有价值。我常说：做营销做得好的人，做人一定没有问题。就是因为职业营销选手对定位和竞争都有深刻的认识。特别提示业余营销选手：做营销做得好的人，做人一定没有问题。而不是：做销售做得好的人，做人一定没有问题。

第 9 本：《三秒成交：让人无法抗拒的销售》——克·乔伊纳

第 10 本：《给推销员的 11 个忠告》——原一平

业余营销选手看完这 10 本书一定会大发感慨，怎么搞的，全都是外国人的作品，我们的《孙子兵法》不是竞争策略吗？我们就不能借鉴中国古典文化做中国式的营销吗？职业营销选手清楚地知道：营销对于中国，虽然是一个彻彻底底的"舶来语"，我们的《康熙字典》里没有这个词，《新华字典》里也没有，但营销本来就是没有国界的，我们现在把国外的经验作为基础知识去学习，也许是为了同台竞技，我们如果一直能够把别人的经验作为基础知识去学习，得到的就是超越经验，其实这本身就是营销这个职业的魅力所在：无论男女老幼，无论学历高低，无论入行早晚，只要你成为职业营销选手，就可以超越奇迹！

职业营销选手训练的第二鬼就是从来不讲道理。培训是造神运动，它告诉你别人成功的经验，详细地给你论证分析成功的道理，结果那些讲成功学的老师越来越成功，那些听成功学的学员越来越不成功。职业营销选手训练是鬼，从来不承担讲道理的神圣职责，如果你连"资源紧缺""优胜劣汰""物竞天择""营销没有技巧""选择是营销的第一智慧""市场是检验营销的唯一标准""客户是营销人员最好的老师"这些基本的营销规律都不清楚，你接受职业营销选手训练，一定非常郁闷和痛苦，我们劝你还是再去市场上锤炼 3 年，因为职业营销选手训练从来不讲营销的大道理，只强调按标准再做 10 遍！如果你一定认为一个训练必须讲出一个道理你才感觉舒服一点，职业营销选手训练营唯一的道理就是：存在不是道理！简单的解释就是：你目前认为正确的一切真实存在的事实，其实都不是道理，公说公有理，婆说婆有理，道理是永远讲不清楚也讲不完全的。职业营销选手是非常耗费精力的，但绝对不会有任何一点精力耗费到永远讲不清楚也讲不完全的道理上面。

职业营销选手训练的第三鬼就是从来不传授诀窍。所有"取巧"的行为背后，都是"投机"的心态。营销实战在业余营销选手眼中是一个充满诀窍的万花筒，但职业营销选手相信，所有营销的成功，都是最基本的常识的运用。职业营销选手在营销实战中，只要抓住一点就永不放弃，并且狠狠打击，直到完全控制结果。你看过职业斯诺克联赛吗？我们不难想象职业选手与业余选手的比赛过程，业余选手也许会打出一个精彩的进球，获得观众的掌声，但只要一个小小的疏忽，职业选手就在无惊无险甚至没有任何精彩进球的情况下，一杆扫光台面上所有的球，这个时候业余选手除了在旁边看着比赛以对手的胜利结束，懊恼不该为了那个精彩的进球给对手留下机会之外，这时已经没有任何机会。职业营销选手与业余营销选手的最大区别，并不是知识或者技能的差距，而是状态上的差异。我从13岁开始打桌球（那时我们叫台球），球台（我们那时叫案子）是木头做的，双层的，打球的时候球在球台上滚"呼碌碌"，进球的时候球在箱子里滚"呼碌碌"，现在我不但看斯诺克联赛，自己有时间也去打两杆，我以前觉得手感特重要，手感一来，远距离的长球甚至反弹倒钩都能进，经常也会因为精彩的进球获得掌声。作为一个业余桌球爱好者，二十几年以后我终于明白了，业余桌球选手与职业桌球选手的最大区别就在于状态的稳定性，业余选手偶尔打出好球，甚至职业选手都无法模仿的好球，但职业选手可以把这种状态稳定下来，总是能够进球。偶尔打出好球是业余的表现，持续地打出好球才是职业状态。如果你无法放弃对营销技巧的崇拜，总是想寻求一招搞定的营销诀窍，我中肯地奉劝你，还是不要参加职业营销选手训练为好，因为这根本就是对你自己的一种折磨和摧残。

日本围棋界做了一个研究：最强业余棋手和各段位职业棋手进行了

近千场较量，结果是业余最强水平大概就是职业 3 段的水平。最后得到的结论是业余棋手终究无法跨越职业这条鸿沟，业余棋手对围棋的理解远不如职业棋手那样深刻和全面，在各方面都存在着明显的差距。业余棋手可能战胜职业棋手，但那只是偶然情况，业余棋手和职业棋手整体水平差异更是相隔好几道鸿沟。无论你从事任何职业，都必须清楚，"职业"这两个字的分量是多么的沉重。我们唯物主义者抛开"天分"这个因素不谈，文艺和体育讲究的都是"童子功"，就是必须从小开始练习。职业营销选手训练这个鬼东西，鬼就鬼在，它可以训练一次，就激活你的职业营销生命！你不用跟这个鬼东西争，争输了是败，争赢了也是败。因为从来没有任何一个领域的选手，把精力放在与训练方法的争辩上，最终成为职业选手！

　　职业营销选手训练的第一天，你需要对职业营销训练这个鬼东西有一个全面深刻的认识。我们称职业营销训练为鬼东西，就是要所有参训者知道：并不是所有事物都能够解释清楚的，比如"有鬼"还是"没鬼"；不是所有事物都有必要解释明白的，就好像我们没有见过田地里的水稻，就开始吃大米饭了。职业营销选手训练，从来不教营销基础知识，知识是必须自己奠定的基础；职业营销选手训练，从来不讲营销的道理，道理是穷一生的精力也讲不清楚的；职业营销选手训练，从来不传授营销诀窍，职业营销根本不是技巧的比拼，而是状态稳定性的较量。职业营销选手训练只做一件事：抓住职业营销中最有市场价值的部分，永不放松，狠狠打击，直到完全控制营销战役的结果。

第二天：职业营销训练没有老师和教练

职业营销选手训练的第二天，你必须面对的第一个现实是：职业营销选手训练的整个过程之中，没有老师。说起对老师这个职业的理解，古今中外有很多的解释和著作，我最推崇的是唐代文学家、哲学家韩愈的巨作——《师说》。

【原文】

古之学者必有师。师者，所以传道授业解惑也。人非生而知之者，孰能无惑？惑而不从师，其为惑也，终不解矣。生乎吾前，其闻道也固先乎吾，吾从而师之；生乎吾后，其闻道也亦先乎吾，吾从而师之。吾师道也，夫庸知其年之先后生于吾乎？是故无贵无贱，无长无少，道之所存，师之所存也。

嗟乎！师道之不传也久矣！欲人之无惑也难矣！古之圣人，其出人也远矣，犹且从师而问焉；今之众人，其下圣人也亦远矣，而耻学于师。是故圣益圣，愚益愚。圣人之所以为圣，愚人之所以为愚，其皆出于此乎？爱其子，择师而教之；于其身也，则耻师焉，惑矣。彼童子之师，授之书而习其句读者，非吾所谓传其道解其惑者也。句读之不知，惑之不解，或师焉，或不焉，小学而大遗，吾未见其明也。巫医乐师百工之人，不耻相师。士大夫之族，曰师曰弟子云者，则群聚而笑之。问之，则曰："彼与彼年相若也，道相似也。位卑则足羞，官盛则近谀。"呜呼！师道之不复可知矣。巫医乐师百工之人，君子不齿，今其智乃反不能及，其可怪也欤！

圣人无常师。孔子师郯子、苌弘、师襄、老聃。郯子之徒，其贤不及孔子。孔子曰："三人行，则必有我师。"是故弟子不必不如师，师不必贤于弟子，闻道有先后，术业有专攻，如是而已。

【译文】

古代求学的人必定有老师。老师，是用来传授道理、讲授学业、解答疑难问题的。人不是一生下来就懂得道理的，谁能没有疑惑？有了疑惑，如果不跟老师学习，那些成为疑难的问题，就始终不能解开。出生在我之前的人，他懂得的道理本来就比我早，我跟从他，拜他为老师；出生在我之后的人，如果他懂得的道理也比我早，我也跟从他，拜他为老师。我是向他学习道理的，哪管他的年龄比我大还是小呢？因此，无论高低贵贱，无论年长年幼，道理存在的地方，就是老师所在的地方。

唉！古代从师学习的风尚不流传已经很久了，要人没有疑惑也难了！古代的圣人，他们超出一般人很远，尚且要跟从老师请教；现在的一般人，他们才智不及圣人也很远，却以向老师学习为耻。因此，圣人更加圣明，愚人更加愚昧。圣人之所以成为圣人，愚人之所以成为愚人，大概都是由于这个原因吧？爱自己的孩子，选择老师来教他。但是对于他自己，却以跟从老师学习为可耻，真是糊涂啊！那些儿童的老师，教他读书，学习书中的文句的停顿，并不是我所说的传授道理，解答疑难问题的老师。不知句子停顿要问老师，有疑惑不能解决却不愿问老师；小的方面学习了大的却丢了。我没有看到他的明达。巫医、乐师、各种工匠这些人，不以互相学习为耻。士大夫这一类人，听到称"老师"、称"弟子"的人，就聚在一起嘲笑他们。问他们，就说："他和他年龄差不多，懂得的道理也差不多。把地位低的人当做老师，就足以感到耻辱；把官大的人当做老师，就被认为近于谄媚。"哎！求师的道理的难以恢复由此可以知道了！巫医、乐师、各种工匠这些人，君子不屑一提，现在君子的智慧竟然反而比不上这些人了，这真是奇怪啊！

圣人没有固定的老师，孔子曾以郑子、苌弘、师襄、老聃为师。郑子这些人，贤能都比不上孔子。孔子说："几个人同行，那么里面一定有可以当我的老师的人。"所以学生不一定不如老师，老师不一定比学生贤能。接受道理有早有晚，学问和技艺上各有各的专门研究，如此而已。

如果说父母是我们人生中的第一任老师，那么老师就是我们人生中的第二任父母。韩愈先生在公元803年就把"师者"阐述得如此透彻，确实难能可贵。曾几何时，我们都有过奉老师之命为最高指示的经历，都有过好为人师的内心冲动。业余营销选手总是渴望有一个老师能够"传营销之道，授营销之业，解营销之惑"，业余营销选手甚至认为职业营销选手的状态就是："三人行，必有我师焉。择其善者而从之，其不善者而改之。"这其实也是大多数业余选手，无法真正成为职业营销选手的根本原因。业余营销选手总是把营销当成学问来做，但事实上营销从来不是一门学问，职业营销是不断探索市场价值的一项实践。在业余营销选手和职业营销选手之间，有一道必须打开的门，这道门从来不是老师帮助业余营销选手从外到内打开的，从来都是职业营销选手从内到外自己打开的。职业营销训练的每个关键环节，都要求受训者能够无师自学，无师自通。

业余营销选手认为，能够训练出职业营销选手的人就是教练，也有很多讲营销的老师自称为营销教练，但实际上，职业营销选手的整个训练过程中，都不会有教练这个角色。教练(Coaching)起源于20世纪70年代初的美国，是从日常生活和对话、运动心理学及教育学等发展出来的一种新兴的、有效的管理技术，能使被教授者洞察自我，发挥个人的潜能，有效地激发团队并发挥整体的力量，从而提升企业的生产力。教练通过一系列有方向性、有策略性的过程，洞察被教授者的心智模式，向内挖掘潜能、向外发现可能性，令被教授者有效达到目标。

从实践中看，教练实际上是一种教练者（Coach）和当事人（Coachee）之间进行的有效对话，这种对话是一种发现性的对话，支持当事人发现问题，发现疏漏，发现答案；这种对话是一种扩展性的对话，令当事人看到更多机会，更多选择；这种对话也是一种动力对话，激发教练者与当事人朝向预期的目标，并不断挑战自己，提高业绩，力争创造非凡的表现。《有效授权》一书中这样评价一个教练：教练是提出问题的总结者，提供行为反馈的人，鼓舞人心的人，模范的改革家，解决问题的合作者。教练常常也是一个系统管理者。从商业交换本质上讲，"教练"一项对外输出的服务，对于教练服务的品质要求称为"4个约定"：

重视言语的力量(Be Impeccable With Your Word)——说话要有诚信。直接表达你想说的。避免用言语来说反话或说别人的闲话。把你的语言力量建立在真相和爱上。

不要把事情个人化(Don't Take Anything Personally)——别人所做的事都不是因为你而做的。他们所说和所做的都是他们自己的现实与理想的一个缩影。当你能放下对其他人的言语和行动的执著时，你也不会再成为背负着不必要痛苦的受害者。

不要自定假设(Don't Make Assumptions)——鼓起勇气发问并表达你真正想表达的。为了避免无谓的误会、伤感和悲剧，与他人沟通时越清晰越好。单单做到这一点，就能令你完全改变你的生命。

做到最好(Always Do Your Best)——你的最佳表现时时刻刻都会改变，当你身体健康时和你生病时是不一样的。但在任何情况下，只要你事事做到最好，你就能避免自我批评、自责及后悔。

以上的这些，我这个职业营销选手训练的引导者，全部都无法做到。

因为对于营销这个职业，只有一个人可以训练出职业营销选手，这个人不是我，而是职业营销选手自己。职业营销选手训练没有老师也没有教练，这句话说起来简单，甚至说穿了也没有什么内涵，但要一个职业营销选手训练的引导者自己明白这其中的真正含义，确实是一种历练。下面我们就一同来分享一下"职业营销选手第一教练"的心路历程。

咨询培训业被称为阳光行业：高智商，高回报，耀眼的光环包裹着丰厚的利润。正像每个成功的男人背后，都有一个默默支持他的女人，人们坚信几乎每一家持续成长的公司幕后，都有一些咨询培训公司和智囊人物。做咨询培训真的很难避免好为人师，我也不例外。3 年前在河北邢台为一家企业做培训，我第一次提出了"职业营销选手训练"的概念，自己确实有些沾沾自喜。培训后的饭桌上，当地的一位领导说：赵老师，你真是我们这个行业的营销教父啊！我也泰然受之。于是在"商业社会你不说自己是第一没有人有义务说你是第一"的理念的许可下，我多了一项头衔：职业营销选手训练教父！

自我满足之余其实内心难免忐忑，在内心的忐忑中，我不断地与自己交战：难道职业营销选手训练不是我第一个提出来的吗？教父这个头衔难道不是客户授予的吗？结果这种交战没有持续一个月，我就自动败下阵来。我们咨询过的企业的业绩，其实并不是我们的业绩，你是给通用电气做过咨询，但你的企业并不比通用更卓越。我们培训过的人的成就，其实也并不是我们的成就，你是给柳传志和张瑞敏上过课，但你并不是他们的教父。于是百年盛世咨询的员工手册就有了下面这一条职业守则：

"百年盛世的每一个员工必须牢记，做咨询和培训一定要有分寸，永远不要妄想成为任何企业和个人的教父，因为所有直面竞争的企业和个人都有迫不得已的选择。"

我的头衔也改为了"职业营销选手训练第一教练"。为什么叫第一教练呢？因为"第一教练"不是"教练"，"第一教练"等于"陪练"。任何一个职业运动员，几乎都有自己的教练，从业余选手到职业选手的漫长而艰苦的过程当中，不一定有教练，但一定有陪练。陪练的最简单解释就是陪别人练习。陪练环节是业余选手成为职业选手的最基础的也是不可或缺的部分，所以我们称陪练为第一教练。入行十五年，我终于幡然醒悟，在把业余营销选手训练成职业营销选手的过程，我不是老师也不是教练，我就是一个陪练。

金牌排球教练陈中和，就是从陪练出身的。中国女子柔道队的徐立功当了十几年的陪练，陪出了孙福明、唐琳、刘霞、冷春艳、袁华五名女子柔道世界冠军。徐立功每天承受 450 次高强度的背摔。刚入行的时候，他最想知道的问题是：到底陪练是谁发明的训练方式？他们成天摔人我天天被摔？他没有自诩为老师，更不敢自称为教练，他只知道：要让队员体验高强度的对抗还不能让他们受伤。训练职业营销选手与训练职业柔道选手一样，要在高强度的对抗中不断练习。

职业营销选手训练中，没有老师。作为职业营销选手训练的陪练，我没有"四度春风化绸缪，几番秋雨洗鸿沟"的胸襟；没有"黑发积霜织日月，粉笔无言写春秋"的辛勤；没有"蚕丝吐尽春未老，烛泪成灰秋更稠"的奉献；更没有"春播桃李三千圃，秋来硕果满神州"的成就。职业营销选手训练的整个过程当中，都没有老师的身影出现。每个受训者都不用尊我为老师，因为每个职业营销选手都只能无师自学，无师自通。

职业营销选手训练中，没有教练。在 27 天的训练过程当中，我们无法进行及时和具有针对性的对话，更无法兑现教练的 4 个约定。所以每个受训者也不用称我为导师或者教练，因为我这个职业营销选手第一教练，实际上就是陪练。我不需要像对待老师一样地尊敬，也不需要像对待教练一样地绝对服从，职业营销选手训练整个过程当中，唯一的主角和权威，就是每个参训者自己。陪练提供给每个受训者的27天都是一样的，但27天以后是否能够成为职业营销选手，完全取决于你自己的练习。

职业营销选手训练，没有老师也没有教练。"老师你太好了""老师你教得不对""教练我感谢你""教练你训练得不好""今天累了我明天再练""今天心情好我全部都练习完"，所有类似这样的感慨，对于职业营销选手训练，没有任何价值。职业营销选手训练这个鬼东西，除了你自己与自己的对抗，不断地对抗，就只有我这个职业营销选手第一教练静静地陪着你。

每个业余营销选手要成为职业营销选手，都必须适应在没有老师的教导和教练的约束下的自我训练。职业营销选手训练的真正价值，与任何人都没有关系，只与你自己的成长相关。

第三天：拒绝同质化

你家里要买一台新的电视机，很幸运，你有一位在家电行业资深的老友，在同样的价格基础上，你问他：我买哪个厂家？哪个品牌？哪个型号的好？无论他把"等离子"和"液晶"技术给你解释得多透彻，把"海尔"和"TCL"的产品系列分析得多清楚，甚至把"苏宁"和"国美"近期的特价机型都进行了对比，最后你得到的答案仍然是：你自己决定吧！因为我出身在家电行业，当年就是从卖电视机开始进入营销行业的，所以我经常碰到这样的尴尬，不是我们这些所谓的在越来越小的领域懂得越来越多的专家不够朋友，而是面对汹涌而来的产品同质化，再资深的专家也无从下手！

15年来，我一直都保持一个发型：平头＋额前一点刘海。原因很简单，这个发型是我夫人在当年我们恋爱的时候亲自设计的，据她说是最适合我的脸型，所以一直保持。因为经常出差，要在外地不熟悉的城市理发，所以我最担心的就是理不出同样的发型。于是每一次我都会让朋友和客户帮我找当地最大最好的发廊，这并不是因为我有多奢侈，剪我这个平头对于任何发廊来讲，其实都是无利润产品，主要原因是头发已经很短了，剪坏了根本没有修补的空间。有趣的是我在每个发廊的经历基本都是一样的：我一边洗头一边询问：哪个师傅剪我这种头型最好？他们回答说：都好！我就说：要最好的！他们就说：那找我们总监或者店长吧，不过价格比其他师傅贵一倍！我说：能便宜吗？他们说：那你办张卡吧！我说：我就理一次！他们说：一次也是办卡便宜！于是我的遭遇就简单了：每到一个城市理发，就多一张会员卡。你看：服务同质化以后，多么陌生的城市，都会有一样的经历！

产品和服务的同质化，带给我们的除了无奈，也许还会有点标准化的熟悉，但营销策略与战略的同质化，无论从任何角度观察和体验，都令人毛骨悚然！只要你有去商场买衣服的经历，你就明白什么叫营销策略同质化了。以前买衣服看完标价以后，第一句话是：能不能便宜？现在买衣服看完标价以后，第一句话是：打几折。买衣服不给打折是现在的顾客无法接受的，哪里的折扣最低，是现在购买服装的第一资讯。你打8折，我就打7折，你买100元送50元，我就买100元送100元，当营销策略的同质化把促销固化为一种购买习惯，我们宁可违心地说这是营销的成功，也没有人愿意承认这是营销的悲哀。如果你有兴趣查阅一下同一个行业前10名企业的营销战略，你就知道营销战略也已经全面同质化了，这些决定企业未来的营销战略，不但关键营销举措出奇地巧合，甚至发展目标的设定都几乎雷同。最近不知道是哪个聪明人发明了"行业第一梯队"这个概念，于是"5年内进入行业第一梯队"就成了众多企业的战略目标，面对这样豪迈的战略，我只怀疑一点：这个行业的第一梯队到底可以容纳多少企业？从摆在顾客面前的产品，到企业对未来市场作出选择的营销战略，面对史无前例的营销同质化，敢说一句实话太难了！

鲁迅《立论》中有这样一个小故事：一家人生了一个男孩，全家高兴透顶了。满月的时候，抱出来给客人看。一个人说："这孩子将来要发财的。"这个人于是得到一番感谢。一个人说："这孩子将来要做官的。"于是这个人收回几句恭维。一个人说："这孩子将来是要死的。"他于是得到一顿大家合力的痛打。说真话难，想找个说真话的环境更难！但如果你想成为职业营销选手，就必须听这句真话：营销同质化的背后，就是营销人员思维和行为能力的同质化，在一个充斥着业余营销选手的市场，同质化就是营销无法逃脱的宿命，所有职业营销选手的骨子里都是完全拒绝同质化的。

每个新进入营销行业的营销人员，都习惯性地有第一任老师或者教练。这其实一点也不奇怪，就像所有的人一出生，第一个天性就是模仿一样。1977 年，就有科学家发现，新生儿有模仿成人面部表情的能力。很多年前我看到这个报道的时候，还不以为然，但等我拿我自己的小孩做了一次试验以后，我确实震撼于模仿的力量。那时候我儿子两岁半，我买了两个很漂亮的气球回家，我手里拿一个，给他一个，我把气球放在地上，一下子坐在上面，把气球坐爆，他也马上把气球放在地上，坐了上去。更有趣的是，第二天我又买了一个气球，让他妈妈给他，他接过来以后，毫不犹豫，立即放在地上，一屁股坐了上去。对于一个营销新人，就像一个刚出生的小孩一样，最快速最有效的成长方式，就是选择你能够接触到的最棒的人去模仿。所有职业营销选手都清楚地知道：模仿是为了成长和超越，绝对不是为了同质化的生存。

5 年前我们为一家沈阳的企业做营销系统升级再造的咨询项目，在外部调研的过程中，我们走访了三个大区的市场。有趣的是这三个大区的经理，都向我询问怎样才能做好一个大区经理，原因就是我在给他们整个营销系统培训的时候，说了一句话触动了他们的心思：总裁认为你是最好的，比你实际上是最好的更重要。经过了解我基本明白了他们的真实需求，这三个大区经理都是当年从区域经理新晋升的，以前这家企业只有两个大区经理，而且都十分优秀并受他们总裁的器重，现在一个做了销售部总监，一个做了市场部总监，但这两位总监的学历、经历、气质、风格又截然不同，甚至可以说是两个极端，所以这些新晋升的大区经理迷糊了，他们也想同样获得总裁的赏识与器重，但不知道到底模仿哪一位才好。我当时对他们三位给出的答案是一样的：千万不要去模仿他们中的任何一位，做你自己！无论多么优秀的人才，对于任何组织同一个类型的拥有一个已经够了！非常幸运，那三位大区经理现在都做得非常优秀，而且都具备了自己的营销风格，原因其实并不是我的一句真话，而是他们自己拒绝同质化的决心和行动。是拒绝同质化的决心和行动，帮助他们完成了从业余营销选手到职业营销选手的转变，也是这些拒绝同质化的职业营销选手的操盘，带来了整个企业营销业绩的持续增长，这家企业近5年的销售额每年平均增长40%；销量每年平均增长30%；抛开其他的因素不谈，如果当年这些新晋升的大区经理都选择了对前任的模仿，我坚信这家企业绝对不会有现在的市场业绩。

营销同质化的根源就是：业余营销选手太多，他们只知道在模仿的基础上做得更好；职业营销选手太少，只有他们在寻找不同。解决营销同质化的唯一出路就是：拒绝营销人员思维行为习惯的同质化和营销人员结构的同质化。我们在《企业营销再造》一书中已经明确指出：未来的营销竞争，将是企业营销模式的竞争。营销将不再是简单的产品与产品的PK或者营销人员与营销人员的对决，未来的营销是企业与企业之间的商业较量。所以职业营销选手的出现，将不会是以个体的形式出现，而是以集体的形式出现。这就要求每个想要拥有职业营销选手的企业，必须具备选拔和训练职业营销选手的文化和机制。换句话说，如果你想成为职业营销选手，关在深山老林里独自修炼是不行的，你必须选择一个具有选拔和训练职业营销选手的文化和机制的企业加盟。那么什么样的企业才具备选拔和训练职业营销选手的基因呢？答案非常简单：就看这个企业是否具有从骨子里就完全拒绝同质化的特质。

3年以前，曾经有一家农资企业的董事长，托别人找到我，希望我可以加盟他的企业，因为当时我已经是一家上市农资企业的董事，我委婉地拒绝了加盟的邀请，但我很看好这个企业的发展，也非常尊重这位董事长，我打电话给他，问他到底经营中碰到了什么问题，他说：就是想解决如何用卖快速消费品的方式来卖农资产品的问题。我当时给他的建议是这样的：用卖快速消费品的方式来卖农资产品，不是一句口号，而是必须落实到人的行动，根本就在于营销人员结构的调整。据我所知，当时99％的农资企业招聘营销人员的时候，都是重行业轻职业的，也就是过于看重农业或者农资行业背景，而忽视营销职业背景。当时这家企业的区域经理招聘要求里就有这样的条款："土肥和植保专业优先，有农资行业销售经验优先"。我不客气地讲：用这样的全行业同质化的标准选择营销人员，永远都不可能实现用卖快速消费品的方式来卖农资产品的目标。解决的办法其实也并不复杂，农资行业是中国市场化最晚的传统行业，我们称之为孕育时间最长但出生最晚的行业，营销领域的发展明显滞后于快速消费品行业，而且中国的快速消费品行业已经具有相对成熟的营销人员培养机制，每年都会出现大量的人才分流，要想用卖快速消费品的方式来卖农资产品，就必须拒绝营销人员结构的同质化，放弃行业背景要求，聚焦营销职业背景。当时我们为这家企业做了一个营销人员招聘和培训计划，招聘没有行业背景的资深快速消费品营销人员，重点培训农资行业和农化知识。这家企业目前已经成为长江以北最具竞争力的农资企业，销售人员200多人，他们的销售人员被行业公认是最职业的营销队伍，不过非常有趣的是：在这200多营销人员里面，有以前卖牛奶的，卖啤酒的，卖方便面的，甚至卖卫生巾的，但就是没有以前卖农资产品的。

职业营销选手训练，从来不教营销基础知识，从来不讲营销的道理，从来不传授营销诀窍，从来没有老师和教练，所有这一切的理论基础就是：职业营销不是为了做得比别人更好，而是要做得与别人不同。业余营销选手总是想比竞争对手做得更好，我们看到的产品同质化，服务同质化，营销策略同质化，营销战略同质化的现实，背后的根源就是业余营销选手太多，大家都想比别人做得更好，于是大家就都去做同一件事情。实际上彻底地拒绝同质化，对于所有的参与商业竞争的营销选手和企业都是一道必须跨越的门槛。企业不能彻底拒绝营销人员选拔和训练的同质化，企业就不可能拥有大批量的职业营销选手；业余营销选手不能从模仿跨越到彻底拒绝思维和行为的同质化，业余营销选手将一直业余下去。

第四天：宣布独立

职业营销选手与业余营销选手的第一个区别就是：职业营销选手喜欢一个人去营销，业余营销选手害怕一个人下市场。职业营销选手一直都认为：营销就是一个人的战斗！而且是必须一个人撑到底的战斗！如果一个营销人说：我寂寞，我不想一个人去！这绝对是业余营销选手！如果一个营销人说：太好了，让我一个人去！这就是职业营销选手！为什么职业营销选手与业余营销选手之间存在这个差异呢？原因非常简单，因为职业营销选手具有成熟的商业人格，而业余营销选手的商业人格是不成熟。在商业人格的层面，职业营销选手与业余营销选手的区别，就像成年人与儿童的区别一样显著。商业人格的成熟不是一句空话，这需要形式与内容双重的洗礼。

中国自古以来就有成人礼，冠礼从氏族社会盛行的成丁礼演变而来，一直延续至明代。只不过现在大家醉心于"德智体美劳"全面教育的同时，忽略了一个育人的最基本常识，我们首先应该教育孩子们成人。中国的成人礼称为冠礼，冠礼即是跨入成年人行列的男子加冠礼仪。《礼记》云："夫礼，始于冠""男子二十，冠而字""成人之道也"。照这么说，不懂礼仪的就不是人了，不行冠礼，则一生难以"成人"。与男子的冠礼相对，女子的成年礼叫笄礼，也叫加笄，在 15 岁时举行，就是由女孩的家长替她把头发盘结起来，加上一根簪子；改变发式表示从此结束少女时代，可以嫁人了。

现在的父母总是抱怨小孩的依靠性强独立性差，世界上很多国家和民族，都有自己的独特的成人仪式。日本 1948 年政府规定每年 1 月 15 日为成人节，这是日本国民的一大节日，届时全国放假。秘鲁少男在成人仪式上须通过的唯一"考试"是从约 8 米高的悬崖上跳下，因而胆怯者就永远不能成为"大人"。墨西哥海滨地区有个部落的成人仪式更为奇特：少男们须每人携带一块沉重的大石头游过一条海峡！加拿大洛基地区的印第安少男在成人仪式上人人都须生吞一条活蜥蜴，望而生畏者即被取消"成年"资格。爱斯基摩族的少女，以驯一头鹿独自跨越冰原来向族人宣告："我已不再是小孩，我要独立闯荡冰原了。"

潮汕人被成为中国的犹太人，据说他们的商业智商普遍很高。现在潮汕人仍然大部分保留成人礼的习俗。潮汕人为孩子告别童年而举行的成人礼叫出花园。不论男或女，到了 15 岁（虚岁）这一年，孩子的父母和外公外婆就要筹办孩子出花园。出花园一般是在每年的农历三、五、七月尤以七月初七为多。出花园这一天孩子要穿外公婆新缝的新衣，脚着外公婆新送的红木屐，要显得潇洒成熟。清早，孩子的父母便把先准备好的猪内脏，包括猪肠、肚、肝、肾、心，煮熟成汤，并下点糖，让孩子吃下。其寓意就是 15 岁了，人必须更新内脏，抛弃肮脏的东西。中午，备办丰盛的午餐，有肉、三鸟蛋，共十二道菜。青菜以厚合、青蒜等为主，其意是吃了厚合，出花园后处处"六合"；青蒜，长大后能算会除，聪明伶俐；芹，是终身勤劳。出花园者的座位也是有讲究的，这一天，他（她）用餐坐上正位，鸡头朝着他（她），别人不可动，由出花园者自吃，鸡头便成了出花园者的专利。其意是长大后能出人头地，兴旺发达。

成人仪式的背后，其实彰显的就是独立精神。一个具备独立精神的人，有独立的思想，独立的人格，有独自生活的能力，依靠自己的力量去面对一切。商业社会任何人都应该有自尊心、自信心、独立性，不然就是奴才。但自尊不是轻人，自信不是自满，独立不是孤立。每个人从模仿别人的儿童时代进入自我独立的成年阶段，都会经历这样的心路历程：自己解决不了的靠父母解决，父母解决不了的靠亲戚解决，亲戚解决不了的，靠朋友解决，朋友解决不了的，靠自己解决！"靠自己解决"这5个字说起来容易，但每个人真正理解并不容易，很多人成人礼之前就完全做到了，很多人穷其一生也不明白这5个字的真正含义。

对于营销人员来讲，成熟的商业人格其实就是独立精神，不成熟的商业人格是奴隶心态。职业营销选手具备独立精神，职业营销选手从来不会把不喜欢做的事拖着不做，也绝对不会把喜欢做的事情做过了头，职业营销选手唯一的规则就是自己创造规则，职业营销选手从来不被任何人的意见所支配。业余营销选手被奴隶心态困扰，面对公司的政策和约束，感觉压抑和郁闷，面对客户的苛刻要求，感觉无奈和愤怒，两边都想讨好，最后上左右不了公司，下指挥不动客户，最后只能寄希望于勤奋带来的效率和机缘带来的运气。所有业余营销选手的生活状态，就像莎士比亚说的一样：如果你是奴隶，效率对你何用？

一个营销人员的商业人格是否成熟，从言谈举止上一眼就可以看穿。职业营销选手无论面对的是谁，处于怎样的环境，都可以用同样的语气和态度，准确表达自己的意图。我经常开玩笑地讲，如果一个人见到总理，就鞠躬说：总理你好！见到自己的儿子就大吼：我是你爹！这就是典型的业余选手。从业余营销选手到职业营销选手也需要成人礼，这个成人礼同样需要形式与内容的双重洗礼，在27天职业营销选手训练系统里面，我们称为"**五个一工程**"。

第一个一是必须独立开发一个产品。只能按照既定的产品功能和服务规则推广产品的人，无论做得多棒，只能算一个职业推销人员，不能称为职业营销选手。一个职业营销选手，必须能够通过对市场需求的把握，成功开发一个产品。无论是改变配方还是结构，甚至改变包装规格都可以，只要这种改变能够获得市场的认同，就算通过。

第二个一是必须独立开发一个客户。 开发客户是职业营销选手和业余营销选手都在做的事情，但只有业余营销选手才相信"维护老客户的成本比开发新客户的成本更低"这种骗小孩子的鬼话，职业营销选手在开发新客户这个问题上是不计成本的，只有职业营销选手才清楚，自己开发的客户有多贴心。

　　第三个一是必须独立操盘一个市场。 无论是全国市场还是一个县级市场，作为一个职业营销选手必须具备独立操作一个市场的经验。独立操盘的意思就是从目标设定，市场细分，客户选择，产品结构，资源调配，政策制定，促销推广的全盘设计。我们就拿客户选择来说，客户选择就包括新客户开发和老客户清理两个方面，就算你开发过无数新客户，但你没有亲手砍掉过一个老客户，你仍然不能算作职业营销选手。

　　第四个一是必须独立组建一个团队。 业余营销选手总是认为自己做很难，但让别人去做容易，只要定好123，做好的就奖励，做不好的就干掉，这有什么难的，官越大越好当。职业营销选手总是觉得自己干简单，管人容易带一个团队很难。业余营销选手喜欢带新人，一张白纸好画图嘛！职业营销选手用人不分新老，只看是否适合这个市场。业余营销选手总是喜欢吹嘘：我带的团队拿了全公司第一。职业营销选手总是担忧地说：我的团队有个非常优秀的要离开了，我要赶紧想办法预防和补救。

　　第五个一是必须构建自己的个人品牌。 我给营销人员讲课的时候，总是强调：企业有品牌，产品有品牌，其实一个职业的营销选手也必须有品牌。一个人的个人品牌，其实并不是空洞的素质和无从考证的信用，而是实实在在的习惯积累，比如你总是穿什么颜色的衣服，留什么样的发型，吸什么牌子的香烟，喝多少度的白酒等，这些沉淀坚持下来，就是你个人品牌的LOGO，你沉淀坚持得越多，你的形象就越鲜明。业余营销选手做个人的 LOGO，是为了包装，他们认为客户就是以貌取人的群体。职业营销选手做个人的 LOGO，是为了节省交易成本，我们把自己做得越简单而鲜明，客户就越容易认识和信任。

　　明天会更好，是业余营销选手的口头语，职业营销选手只相信，今天就必须做到。只有无法摆脱奴隶心态的业余营销选手才去想远方模糊的事，具备独立精神的职业营销选手只做手边清楚的事。商业人格成熟的职业营销选手，每天都活在一个完全独立的今天。今天是职业营销选手训练的第四天，如果你今天不能宣布独立，那么你永远都无法成为职业营销选手。

第五天：习惯竞争

不知道从什么时候开始，不求人居然成了这个社会的一种时尚。从《取名不求人》《装修不求人》《旅游不求人》《美容不求人》，到《看病不求人》《炒股不求人》甚至《万事不求人》，似乎自己解决一切已经成为了一种潮流。商业社会的繁荣，从某种程度上讲就是分工与合作的推动，社会分工越来越细，社会合作越来越紧密，为什么"万事不求人"会成为一种潮流呢？如果我们把这本书的名字改为《营销不求人》，也许会有更多的人因为这本书的名字而购买，但我们可以肯定，《营销不求人》这样的书籍，根本无法帮助任何业余营销选手成为职业营销选手。因为"不求人"并不是职业营销选手宣布独立以后的下一个目标，宣布独立的职业营销选手的下一个目标是习惯竞争，或者说是把竞争培养成一种习惯。

中国伟大的领袖毛泽东说："谁是我们的朋友谁是我们的敌人，这是革命的首要问题。"为什么一定要分清楚谁是敌人谁是朋呢？原因很简单，是朋友我们就团结起来，是敌人我们就斗争到底。从营销的角度来讲就是：我们与谁竞争，与谁合作，这是营销的首要问题！除了竞争与合作，无论我们在营销中做多少其他的事情，都是多余的！"不求人"的背后其实就是"既拒绝合作又逃避竞争"的真相。商业社会的繁荣，从某种程度上讲就是分工与合作的推动，社会分工越来越细，社会合作越来越紧密，合作与竞争是所有人在商业社会都无法逃避的现实。

"团结一切可以团结的力量"是毛主席说的，"与天斗，与地斗，与人斗，其乐无穷"也是毛主席说的，毛主席的意思就是两手抓两手都要硬。合作和竞争并重，自然是一种最佳状态，但在营销实战当中，到底是以合作为主，还是以竞争为重，就成为业余营销选手与职业营销选手的分水岭。业余营销选手一直以合作为主，讲究"一团和气"，总是对外宣称"我的朋友遍天下"。职业营销选手始终以竞争为重，不光企业与企业之间以竞争为主，产品与产品之间以竞争为主，人与人之间更是以竞争为主。

职业营销选手坚持，企业与企业之间始终以竞争为主。只有业余营销选手才相信企业与企业之间的合作大于竞争，职业营销选手非常清楚，除了资本的融合以外，竞争永远是企业与企业之间的关系的最真实状态。业余营销选手认为合作就可以消除竞争，合作就互利互惠天下太平。职业营销选手清楚地知道，合作本身就是一种竞争，世界上根本就不存在完全对等的合作，如果不去与人竞争，合作的机会绝对不会从天而降，合作的主动权更不会因为诚意而落到自己手里。业余营销选手之所以一遇到职业营销选手就不堪一击，一个重要的原因就是，业余营销选手总是存着用合作取代竞争的幻想，但职业营销选手已经把竞争当做一种习惯。

企业与企业之间的竞争，首先是一个立场问题。经济学上的竞争，就是指经济主体在市场上为实现自身的经济利益和既定目标而不断进行的角逐过程。业余营销选手总是试图代表自己的利益，所以业余营销人员经常在营销实战中没有主张。职业营销选手的商业守则是：自己拿出来的名片代表谁，就必须代表谁的利益，所以职业营销选手无论市场环境如何变化，都能把握自己的主张。主张只与立场相关，同样的环境，同样的问题，不同的立场，就有不同的主张。所以主张从来没有对错之分，只有立场的不同。主张都是自己提出的，一个没有自己的主张的营销人员，是一个可怜的营销人员。每个主张都有自己的立场，一个不清楚自己立场的营销人员，是一个可恨的营销人员。那些在市场上像没头苍蝇一样乱撞的可怜的业余营销选手，最可恨之处就是经常忘记自己的立场。职业营销选手永远只有一个不变的立场，就是自己所服务的企业的立场。这也就是我们所说的职业营销选手与业余营销选手的区别：职业营销选手藏身在企业品牌后面，业余营销选手总是站在企业品牌前面。

在我们百年盛世为企业提供咨询服务的过程中，关于企业与企业之间的竞争，我们发现了一个非常有趣的现象，几乎80％以上的企业董事长都具备职业营销选手的竞争习惯，在民营企业里，这个比例更高，有很多中小企业甚至全公司只有一个人，具备这种只有职业营销选手才具备的竞争习惯，而这个人恰恰就是这个企业的老板，这也许就是众多中小企业能够在激烈的市场竞争中，生存下来的真正原因。业余营销选手总是站不稳自己的立场，在自己的竞争力还不强的时候，总是相信合作的诱惑，但职业营销选手绝对不会放弃竞争的立场，哪怕是为了争取合作也不会放弃竞争。

2005年我们在浙江为一个家具企业做招商项目，招商会上一个年轻的经销商老板的发言，令我至今奉为经典，当这个年轻的老板站在讲台上的时候，他每句话都发人深省：我在上台之前做了一个调查，在所有的代理商当中，我不是最有钱的，也不是最有经验的，更不是推广能力最强的，但有一样我是第一，我今年刚满24岁，是今天来参会的最年轻的代理商，若干年以后，我一定会是我们这群人当中最有钱的，最有经验的，推广能力最强的，因为我比你们都年轻。当时会议一结束，我就对百年盛世的项目组成员说：这就是职业营销选手，哪怕是为了争取合作的机会，也不放弃用竞争的态势咄咄逼人！这一次出位，带给这位刚进入家具行业3个月的老板的结果也不多，只有三个。

第一：他当天就获得了我们招商那个品牌的市级代理资格。

第二：仅用了2年时间，他就成为当地最大的家具经销商。因为所有熟悉浙江商圈的人都知道，信息在同行业中传递的速度有多快。一开

27天：做一个职业营销选手

始是参会的人都在说：我们这里出了一个狂妄的年轻人。后来就变成了：我们这个行业出了一个很有冲劲的年轻人。

第三：从那天以后，他就多了一个可以经常免费咨询的私人顾问——赵一沣。

他现在还经常说，他的运气太好了。但我从来不这么想，我相信他的竞争对手也绝对不会这样想。我们已经在训练的第一天就拒绝了同质化，就算你有机缘对他进行完全的模仿，你也不再会得到同样的结果。所有成功的营销方法，也许都只能是昙花一现，但这样的动作，永远只有把竞争当成习惯的职业营销选手，才能够做得出来。一个职业营销选手刚进入一个市场的时候，就算还不能准确把握到底谁才是自己的竞争对手，宁可把所有人都当成竞争对手，也不会去幻想没有竞争的合作。

职业营销选手坚持，产品与产品之间始终以竞争为主。在第四天宣布独立的时候我们就讲了，只能按照既定的产品功能和服务规则推广产品的人，无论做得多棒，只能算一个职业推销人员，不能称为职业营销选手。一个职业营销选手，必须能够通过对市场需求的把握，成功开发一个产品。无论是改变配方还是结构，甚至改变包装规格都可以，只要这种改变能够获得市场的认同，就算通过。业余营销选手认为，只要关注消费者需求就能通过，但职业营销选手知道，只有聚焦产品与产品之间的竞争才能通过。

所有的产品其实都是有生命的，产品的生命不在于设计上多大程度满足了消费者的需求，而是在于能否在现实的市场竞争中胜出。业余营销选手总认为产品的战场是在货架上，所以他们拼命地做堆头和陈列，产品还是没有生命。职业营销选手知道，产品的战场实际上就是客户的大脑。业余营销选手总是认为客户的大脑容量是无穷大的，可以在存储海量信息的同时，做出近乎理智的分析和抉择。职业营销选手知道，客户的脑容量是非常有限的，如果一款产品没有一个明确的竞争产品，在客户面前说一句都是多余的，最好的办法就是一句都不说。业余营销选手认为，从不诋毁竞争产品，就已经非常职业了，但职业营销选手清楚地知道，无论在客户面前表扬或者批评竞争产品，都是多余的，职业营销选手只告诉客户，这款产品就是用来代替那个竞争产品的。

职业营销选手坚持，人与人之间始终以竞争为主。人与人之间的竞争，是无法逃避的本性，优胜劣汰，物竞天择是自然规律。我们百年盛世公司有一句流行语，我们所有人都认同：人类什么事情都可以做，但就是不能做违反自然规律的事情！中国企业经常会出现这样的现象：某个企业总是要选择一个竞争企业死缠烂打，某个企业老板总是抓住另外一个企业老板穷追猛打；某些企业高管如果不找一个人来争权夺势就找不到感觉，很多职业经理人总是感叹，不是我能力不行，是我在某个企业排错了队。

以寻求合作为主的状态，永远是业余营销选手的状态，以竞争为主的状态才是职业营销选手的状态。营销选手一旦进入市场竞争状态，除了凭自己的力量胜出，不寻求任何人的保护，这才是真正地宣布独立。业余营销选手总是试图回避竞争，但职业营销选手不同，一个新的市场变化出现，职业营销选手首先想到的是竞争，当市场在某个时间段内波澜不惊的时候，职业营销选手没有一天放松竞争，代表自己企业的利益，推出一个新的产品，与任何组织和个人打交道，职业营销选手首先想到的都是竞争，如果一定要职业营销选手选择一种状态稳定下来的话，职业营销选手毫不犹豫地选择竞争。合作也许是一种趋势，合作可能是一座金矿，但对于职业营销选手来讲，竞争常在。职业营销选手已经习惯了竞争状态，竞争已经成为了职业营销选手的一种习惯。

第六天：专注一点

传统的竞争是为了胜负或优劣而进行的争斗。商业社会的营销竞争，是不同经济主体在市场上为实现自身的经济利益和既定目标而不断进行的角逐。无论是真刀实枪的争斗还是你追我赶的角逐，总是会有一个结果的。业余营销选手的信条是：打球就是为了赢球，我一定要赢！在下市场之前无论这个口号喊得多么慷慨豪迈，一下市场就变成了唉声叹气！职业营销选手从来不相信营销有永远的赢家和常胜的将军，职业营销选手可以成功也可以失败，但从来不放弃抓住一点狠狠打击！这一点就是营销绩效，对于职业营销选手来讲，营销不是为了好玩，也不是为了好看，职业营销选手营销为了吃饭，要吃饭就必须有绩效！

在这一点上，业余营销选手与职业营销选手的区别，与拳击比赛很像。目前，国际上很多体育项目已不再有"业余"与"职业"之分。但由于人们长期以来，对直接身体对抗的拳击存在认识上的误区，所以，拳击运动至今仍流行着两种不同形式的比赛——业余拳击与职业拳击。很多人疑惑不解：拳击不就是直接用拳头揍人吗？营销不就是把货卖出去再把钱收回来吗？职业和业余真的有那么大区别吗？实际上正像职业与业余拳击除了运动水平相差悬殊、比赛规则有很大不同外，在赛事的性质、时间、防护、量级、宣传和裁决等方面也有着很大的差异一样。职业营销选手和业余营销选手，在市场竞争的关注点上，存在着巨大的差异！

分辨一场拳击比赛是职业的还是业余的，其实非常简单，一目了然。业余拳击比赛，包括奥运会选手必须佩戴头盔，职业拳击比赛，禁止选手佩戴头盔。业余拳击比赛，必须穿着上衣，以此来确认拳手的身份。职业拳击比赛，禁止穿着上衣，单纯地依靠拳手的外貌来区别他们。所以只要你打开电视，看到两个人光着膀子，不戴头盔，只穿短裤，在一个用绳子围起来的台子上，你打我一拳，我打你一拳，那就是职业拳击比赛。如果想从穿着上来分辨职业营销选手和业余营销选手，就没这么简单了，甚至是不可能的，很多业余营销选手从外表上看，比职业营销选手看起来更职业。不过你一问业绩，二者的区别就像业余拳击比赛与职业拳击比赛一样显而易见了。业余营销选手描述他的业绩的时候总是这样说：我某年度开发了多少个新客户，我曾经完成了多少的销售额！有一次我面试一个区域经理，我问他：你从事营销以来最大的业绩是什么？他很自豪地说：我3年前在一个新兴市场做到了3 000万的销售额。我问他：那么那一年公司定的这个市场的目标是多少？他沉默了，因为那一年该市场的销售目标是5 000万！职业营销选手从来不会遭遇这样的尴尬，职业营销选手始终专注销售目标的达成率，职业营销选手视销售目标的达成率为营销的第一业绩。

职业拳击比赛和业余拳击比赛的回合数和时间，也是不同的。业余拳击比赛，实行2分钟4回合制；职业拳击比赛，执行3分钟4~12回合制。职业拳击比赛的初期是没有回合数限制的，直到一方失去反抗能力认输才算结束，比赛相当残酷。后来为了保护拳手的安全，拳王争霸赛的回合数被限定为15回合。1983年，美国的WBA轻量级拳王雷·曼西尼在卫冕战中于第14回合打死了韩国籍挑战者金得九。两个月后，金得九的老母因丧子悲伤过度，服毒自尽。消息一经披露，给世界拳坛带来的震撼无疑是强大的，世界各大媒体开始探讨15回合的比赛是否适应职业拳击发展的需要，世界拳击组织在强大的外部压力之下，经过反复论证，最后把拳王争霸赛的回合数减少为12回合。

职业拳击比赛每个回合打3分钟，中间休息1分钟，如果打满全场，全程赛制47分钟，拳手在拳台上实际打斗的时间为36分钟，这对拳手的耐力、意志是一个相当严峻的考验。业余拳击打过3分钟的3回合；2分钟的5回合；现在实行的是2分钟的4回合制，中间休息1分钟，全程赛制11分钟，实际搏斗时间只有8分钟，只相当于职业拳手打2回合多一点时间。实际上职业营销选手在一个行业或者企业平台上坚持的时间，也比业余营销选手长。职业营销选手3年做一个企业，如果在这个平台上没有业绩，职业营销选手绝对不会放弃；业余营销选手一年做3个企业，这个平台没业绩，就换下一个平台，结果就是经历的平台越来越多，反而离业绩越来越远！

职业拳击比赛和业余拳击比赛的胜负裁判标准，截然不同。业余拳击比赛主要靠技术得点取胜。但职业拳击比赛"技术得点"的意思就是"使劲去揍另一个家伙"。击倒（KO）在业余拳击比赛中很少发生，更多的是偶然情况。业余拳击比赛如果出现流血或者眼睛被打肿就终止比赛。在职业拳击中，被击倒的拳手在台上裁判读到3秒之前站起来，只输1分；若3秒后起来输2分；如果同一回合数次被击倒，输去的最高分为4分；若被击倒后10秒不能起来，裁判就可以判其被击倒，并输掉比赛。业余营销选手在营销实战中，总是畏首畏尾，因为他们不停地盘算着到底自己技术得了多少分，别人技术失去了多少分。职业营销选手没有这么多想法，职业营销选手只关注一点，今天我的销售目标到底完成了多少，无论技术得点多少，只要能够完成目标，就等于把所有的对手一拳击倒，10秒内无法站起！10秒钟以后会怎样呢？这是业余营销选手才考虑的问题，职业营销选手从来不去考虑10秒钟以外的事情！

职业营销选手训练的第六天，我们讲的就是专注一点，实际上这一点根本不像拳击这么简单。你如果也看过足球，甚至曾经自诩为一个球迷的话，我们就来共同分享一下，网络上公认的真球迷与假球迷的区别。

真球迷看门道，假球迷看热闹；真球迷男的多，假球迷女的多；真球迷用大脑预测输赢，假球迷往往人云亦云，甚至不知所云；真球迷看球，假球迷看人；真球迷会对长得对不起观众但球技一流的队员狂热（比如德罗巴、埃托奥什么的），假球迷特别是女球迷喜欢帅哥，她们可以搞不清楚 AC、巴西队是什么关系，但一提到卡卡绝对来劲，装得特别二五八万，并私藏很多帅哥靓照，或是说："我不喜欢德罗巴，长得太难看了"；真球迷看足球但不骂足球，假球迷不光骂还捎带脚骂足球；真球迷连最无聊、最没有悬念的比赛都会全部看完，假球迷只愿意看进球和射门集锦，如为了凑热闹熬了一宿看了场互交白卷的强强对话，会说："真倒霉，一个球也没进，早知不看了"，但还是会因为看了场比赛而特别自豪；真球迷能说出小罗穿多大的鞋，假球迷会说小罗在曼联过得真好啊；真球迷会如数家珍地点出心爱球队甚至更多球队每个人的名字、位置、阵形、战术、风格、历史等，假球迷经常会把偶像与球队张冠李戴；真球迷有极强的足球素质和理论知识，有自己一如既往支持的球队和球员，无论球队或球员状态如何低迷总会一如既往支持，为其加油，假球迷最大的标志就是总是支持拿冠军的球队和当红球星，不管搞不搞得清楚什么叫越位。

你认同以上的真球迷与假球迷的区别吗？我一直都没有认同过，尽管有很多人说我是真球迷，也有很多人说我是假球迷！我想的问题一直是：球迷难道真的有真与假之分吗？球迷如果也分职业和业余，我觉得肯定非常好分，因为所有靠当球迷吃饭的人就是职业球迷，如果不是靠当球迷吃饭的就是业余球迷！真与假是永远也分不清楚的，但职业和业余之间永远隔着一条鸿沟！一个人是真营销还是假营销，也许我们永远也无法分辨，但职业营销与业余营销之间就是存在那么一点永恒的差异。

有一个事实，是真球迷和假球迷都必须正视的现实：职业足球追求的主要目标就是经济利益，业余足球则还要让足球承载各种社会因素，诸如社会责任、公众反响和政治形象。当足球在百年前于英国实现职业化后，以俱乐部为主体举办的联赛，构成了足球产业的主干内容，足总和联赛委员会这种管理机构的最主要责任和功能，其实就是在保证足球产业正常运营的过程中，去牟取最大的经济利益。

经济利益是所有球迷，无论是真球迷还是假球迷都可以忽视的现实。但这一点正是所有业余营销选手都忽视，但所有职业营销选手都会一直专注的关键点。业余营销选手专注很多东西，甚至一个客户的一句话，都可以令业余营销选手彻夜难眠，但职业营销选手永远只关注绩效：绩就是业绩，效就是效益，绩效就是目标达成的程度。业余营销认为自己的价值在于帮助企业解决市场问题，所以业余营销选手总是面对一大堆的世界性营销难题。职业营销选手认为自己的价值就是把企业高层设定的市场目标变为现实，所以职业营销选手只专注绩效！

我以前在面试一个即将晋升为大区经理的区域经理的时候，总是问三个问题：你片区去年的销售目标和完成率？你片区今年的销售目标和现在的累计完成率？你片区上个月的销售目标和完成率？凡是那些说上个月的业绩还没有统计，今年的目标也说不出来，去年还没有接手不知道数据的营销人员，100％的就是业余营销选手，职业营销选手在回答上述三个问题的时候，会像回答他的名字叫什么一样毫不犹豫。其实区分职业营销选手与业余营销选手就是这么简单，业余营销选手的精力自己都不知道是怎样消耗掉的，但职业营销选手始终只专注目标完成率这一点！

第七天：人活一张脸

中国有句俗话："出门看天气，进门看脸色。"由于工作性质的关系，营销人员不但必须经常下市场，还必须不断地接触大量的顾客，"出门会看天气，进门会看脸色"，一直以来被认为是营销人员的基本功。随着科技的进步，天气现在是基本上不用看了，类似"黑云接驾，不阴就下""日落云里走，雨在半夜后""清晨落雨一天晴"这些老经验，已经基本被中央气象台的天气预报替代了。但无论科技怎样进步，这看脸色的学问可是越来越大了。

有一位秘书曾经写下了这样的文章：我们做秘书工作的，就是要动笔杆子。一个秘书的笔杆子要硬，就要多阅读，不成功的秘书看书，成功的秘书看领导的脸色。成功的秘书看领导的脸色就像阅读一篇篇文章，有时读到的是小说，有时读到的是散文，有时读到的是杂文，有时读到的是随笔，有时读到的是诗歌，还有时读到的是报告文学。就拿这笑来说吧，领导的笑也大有学问，有时是会心的微笑，那是高兴的表现；有时是傲气的微笑，那是不服别人的笑；有时是勉强的微笑，那是应付别人的笑；有时是生硬的微笑，那是不高兴的表示；有时是嘲弄的微笑，那是对你表示不屑；有时是带有反感的微笑，那是讨厌你了；有时是带有怒气的微笑，那是要发火了。作为一个秘书不会看领导的脸色其实也没什么大不了的，就是吃果子的时候有点区别，这样的秘书永远没好果子吃！

有一次一个做营销总监的大学同学来找我，急急忙忙地说："老赵，我们老板又晴转多云了，这个方案明天就要出，你快帮忙给看看。"看朋友为上司脸色而来，我就把上面这篇文章推荐给他，他看后大发感慨：

"我们这些做营销的比秘书还惨，他们只需要看一个人的脸色，我们是'三老'的脸色都要看。"我奇怪地问："三老，哪三老？"朋友笑着说："在公司看老板脸色；回家看老婆脸色，来你这里看老师脸色！"我也大笑："算了吧你，老板现在依仗你出业绩，老婆依靠你赚钱养家，我的朋友不多了，我可不敢怠慢你，我看还是受客户的气多吧！"朋友一本正经地说："老赵，真的，这么多年还真没看过客户脸色，我做营销从来不求人做生意，我跟我那帮小兄弟说了，谁要是看客户脸色做营销，我立即炒掉！"那一天我们聊了很多，最后我得出了一个结论：职业营销选手从来不看客户脸色做营销！凡是那些看客户的脸色做营销的，100％都是业余营销选手。

　　不知道从哪一天开始，很多人把会看客户脸色，列为营销选手的应知应会。在外行人眼里，不会看客户脸色的人，根本就做不了营销。实际上看脸色这样的问题，对于任何成年人来讲，其实都是小儿科。所有孩子的观察力都始于"看脸色"，初生婴儿就会"研究"每一张脸以及脸边的头发、脸上的眼睛、嘴等，对看上去像脸的东西或者图画，也会产生兴趣。可是他经过"研究"，很快就能分清楚真脸和假脸。一般来说，孩子6周左右的时候开始微笑，但是他只对人脸或画有人脸的图画微笑，而对圆形的东西已经不感兴趣了。大概再过两周，孩子就只对父母或邻居的微笑感兴趣，而对图画没有兴趣了。三月龄的孩子不仅能够分辨出真脸还是图画中的假脸，还能够区别不同的面孔。此时，孩子已能分清父母，家人和陌生人。四个月的婴儿对谁微笑，就证明他更喜欢谁。这个阶段，他们并不怕生，但是往往表现得拘束，换成和父母在一起时，就会轻松自如。

　　当一个小孩半岁的时候，就会表现出对父母的特殊依赖，对父母有感情上的明显依赖。他会观察父母的面容，吸吮父母的鼻子，把手放到父母的嘴里。如果一个陌生人来到他面前，他会表现得彬彬有礼，端庄大方。当父母伸出胳膊抱他时，他会显得满心欢喜。此时，孩子渐渐明白，他跟别人已经建立了特殊关系。特殊关系是一个半岁以上的儿童都会利用的关系，这个时候孩子开始明白，只有对没有特殊关系的人才要看脸色，对有特殊关系的人，他们会开始撒娇。看脸色的问题其实非常简单，就是对于没有建立特殊关系的人我们必须看脸色，对于已经建立特殊关系的人，我们只需要撒娇。不从事营销行业的人，不知道这个半岁孩子都知道的自然规律，其实也无可厚非，因为毕竟市场竞争离他们还有一段心理距离。但营销最大的遗憾是：除了少数职业营销选手以外，大多数业余营销选手，也把会看客户脸色作为营销的应知应会。

你知道遗憾是什么吗？遗憾最简单的解释就是我们想得到的东西没有得到，我们想留住的东西没有留住。为什么营销最大的遗憾是"把会看客户脸色作为营销的应知应会"呢？最简单的原因就是"人活一张脸"。铁杆球迷为什么每场必看，因为他自己不用参加比赛；超级歌迷为什么每场演唱会都来捧场，因为他自己不用上台表演；业余营销选手为什么总是看客户的脸色，因为他们自己不知道怎样给客户脸色看。事实其实就这么简单，凡是业余选手当做法宝的东西，职业选手根本就从来不用。当你看到一个年轻力壮的小伙子沿街乞讨的时候，你会怎样想？你一定也觉得非常遗憾：年纪轻轻的干什么不好？干这个！我甚至相信你觉得他可恨的程度一定超过可怜。业余营销选手"把会看客户脸色作为营销的应知应会"，其实与一个年轻力壮的小伙子沿街乞讨一样，貌似可怜之人，必有可恨之处。

有一次，朋友带他三岁的女儿来我家玩，刚好朋友去阳台接电话，小女孩刚开始挺安静，一会儿熟悉之后，指着茶几上的一盘苹果问我："叔叔，我能吃一个苹果吗？"我顺着她指的方向看了一眼，没吱声。"我吃一个小的行吗?"她又问我。我想逗逗她,还是没吱声,想看她下一步能有什么反应。"我吃那个皮上有点儿坏的还不行吗?"一会儿,小女孩涨红着脸对我说。还没有等我回答,朋友接完电话进来了,我们互相拍着肩膀还没聊上三句话,小女孩已经拿起一个苹果开始吃上了。朋友赶紧说:"你问过叔叔了吗?"我赶紧说:"问过了,问过了。"小女孩根本就没有看我们两个人相互客套,她一直在专注于吃她手里的苹果。你也许会说:"小女孩真可爱。"但我的评价是,这个小女孩在拿起苹果的那一刻,就是一个真正的职业营销选手,无论她是否可爱,起码在那一刻,她既不可怜也不可恨,她知道:只要与有特殊关系的人在一起,我不必看任何人的脸色!

营销人员与客户之间是什么关系,实际上就是特殊关系。业余营销选手看客户脸色,职业营销选手根本从来不看客户脸色。中国还有句俗话:"人活一张脸,树活一张皮",每个营销选手都必须清楚,真正的职业营销生涯,是"人活一张脸"而不是"进门看脸色"。在"人活一张脸"这个问题上面,职业营销选手与业余营销选手存在巨大的差异。业余营销选手习惯看别人的脸色,认为只有这样才是灵活,才能审时度势无往不利。职业营销选手总是想办法让别人看自己的脸色。业余营销选手的脸是死的,因为他们总是死盯着别人的脸色看;职业营销选手的脸是活的,想方设法给别人脸色看。业余营销选手总是很郁闷:他们总摆一张臭脸给谁看。职业营销选手总是很开心:今天就摆这个脸孔给他看。

变脸是运用在川剧艺术中塑造人物的一种特技,是揭示剧中人物内心思想感情的一种浪漫主义手法。相传"变脸"是古代人类面对凶猛的野兽,为了生存把自己脸部用不同的方式勾画出不同形态,以吓唬入侵的野兽。川剧把"变脸"搬上舞台,用绝妙的技巧使它成为一门独特的艺术。业余营销选手认为:全世界的人都愿意听好话,所以他们奉承客户。职业营销选手认为：说什么不重要，重要的是要让客户睡不着觉。客户睡不着觉会怎样？他睡不着觉就会想你说的话到底是什么意思？于是他越想越觉得有意思，然后就按这个意思去办了！怎样才能让客户睡不着觉呢？就是去刺激他。怎样刺激客户呢？

实际上变脸就是最好的刺激方法，你知道什么叫变脸吗？职业营销选手的变脸，不需要川剧变脸的舞台功底，更不需要一哭二闹三上吊的演戏天分。职业营销选手的变脸就是：说翻脸就翻脸，说认错就认错！发现客户做错了，说翻脸就翻脸；发现自己做错了，说认错就认错，这就是职业营销选手！客户错了不温不火，自己错了不紧不慢，总是要当老好人，是业余营销选手的典型表现。

今天是职业营销选手训练的第七天，也是关于营销人脸面的一天，人活一张脸，业余营销选手为了看客户的脸色而活每一天，职业营销选手每一天都想办法给客户不同的脸色看。有点强盗逻辑是吗？我们在《营销其实很简单》一书中已经明确：职业营销逻辑就是强盗逻辑。实际上这个世界上所有的逻辑追求的都是行为的有效性，职业营销选手追求的就是营销行为的有效性，真正的市场营销，不需要君子更不需要英雄，我们需要的是职业营销选手。

第八天：事前诸葛亮

职业营销选手训练的第八天，我们必须首先认识一个不平凡的人：

身未升腾思退步，功成应忆去时言。只因先主丁宁后，星落秋风五丈原。

——《三国演义》

你猜对了，这个人就是诸葛亮。网络上有好事者，寻求 100 字以内的对诸葛先生的评价，最佳答案是这样评价的：

公元 220 年，诸侯并起，天下纷争。山清水秀的竹林间，茅舍内，一位中年男子头戴纶巾，手握羽扇，身在茅舍，心系天下，看兴亡成败，胸中尽万点河山，道："人和者，得天下也。"于是三顾茅庐的佳话造就了一代伟人，杰出的政治家，军事家——诸葛亮。诸葛孔明以其卓越的政治军事才干，建蜀国，兴汉业，励精图治，呕心沥血。以其智，以其情，以其义，展现了一代蜀相伟大的胸襟气魄，令天下人为之敬仰，让我醉，让我痴，令我狂。

更有好事者，在网络上寻求对诸葛先生生平的短短几个字的评价。网友们的评价令人大开眼界："千年老狐狸"；"深谋远虑，足智多谋，鞠躬尽瘁，死而后已"；"头上长角的（牛人）"；"聪明且忠诚"；"运筹帷幄，决胜千里"；"睿智而近妖"；"投错主人也"；"一生唯谨慎"。相信你对诸葛孔明自然也有自己的评价，但在职业营销选手训练的第八天，我给你的温馨提示是：无论你对诸葛孔明有怎样的评价，其实都已经不重要，就算孔明先生自己看到这些所谓的评价，也不过一笑了之；对于你真正重要的是，你必须清醒地知道，无论诸葛孔明有多少无穷的智慧，那都是职业经理人的智慧而不是企业家的智慧。

"深谋远虑，足智多谋"如孔明先生者，也没有办法逃脱"屁股决定脑袋"的职业宿命。在中国浩瀚的历史长河中，在帝王们改朝换代的日月辉煌里，像诸葛孔明这样的职业经理人，对于职业营销选手来讲才真正灿若明星。如果你已经是一个企业的总裁，我奉劝你千万不要去崇拜诸葛孔明，因为你要做的事情，是去"三顾茅庐"聘请诸葛先生，而不是把自己变成诸葛先生。在我们百年盛世咨询的过程当中，每当看到那些以诸葛先生自诩的企业总裁，我们都非常地遗憾。

　　这种遗憾其实非常容易理解，如果我们直截了当地问这些企业总裁：你有心仪的或者非常喜欢的异性吗？相信如果我们没有遭遇同性恋的话，他们一定会说："有"。那么我们就问他：你这么心仪这个人，我们给你做个变性手术再做个整容手术，把你变成跟这个人一样好不好？他肯定说：你神经病啊你？是啊，任何人都没有必要因为心仪或者佩服某个人，就一定要变成某个人，但我们很多的总裁，在诸葛式智慧这个问题上面，其实就是这样做的。

　　你知道我们的毛主席是怎样评价诸葛孔明的吗？原文是这样的："其始误于隆中对，千里之遥而二分兵力。其终则关羽、刘备、诸葛亮三分兵力，安得不败。"如果你认为，我们不赞成企业总裁把自己当成诸葛亮，还搬出毛主席点评孔明的原文，是为了贬低诸葛先生，那你就又错了，实际上如果你可以正视一个现实：你既不是毛主席一样的开国伟人，也不是一个白手起家的企业家，如果你想成为一个真正的职业营销选手，诸葛式智慧不可或缺。

　　诸葛式智慧是典型的职业经理人智慧，在我们这个时代，对于生存在商业社会的职业营销选手来讲，充分理解和把握诸葛式智慧不但重要，而且必要。随着中国商业社会的繁荣，中国已经全面从白手起家的企业家时代进入了职业经理人时代。历史无数次用铁一般的事实告诉我们：

是时势造英雄而非英雄造时势。战争年代造就元帅和将军的年代，所以经过战火的洗礼以后，新中国一成立我们就有"十大元帅"和"十大将"，其中贺龙元帅"两把菜刀"闹革命被传为佳话，你不服气，你现在也拿两把菜刀去闹一闹，那叫扰乱社会治安，那个造就元帅和将军的时代过去了。改革开放初期，实际上就是造就白手起家的企业家的时代，现在中国各个行业所有的杰出企业，几乎都是从那个时候的弱小走到现在的强大的。

《2009 胡润女富豪榜》于 2009 年 10 月发布，这是胡润百富第四次发布"胡润女富豪榜"。在这份榜单上，玖龙纸业的张茵家族以财富 330 亿元排名女富豪榜榜首，碧桂园的杨惠妍家族以 310 亿元排名第二，富华国际的陈丽华以 230 亿元排名第三。胡润表示："中国的女企业家相当厉害，全球十大最富有的女性白手起家者中，一半是中国内地的。"与其说是中国女企业家厉害，不如说那个造就白手起家的企业家的时代辉煌。下一个时代是怎样的呢？现在"富二代"的女富豪开始出现在榜单中：杨惠妍是碧桂园的创始人杨国强的二女儿，刘畅是新希望集团董事长刘永好的女儿，巨人网络的史静是史玉柱的女儿，美特斯·邦威的胡佳佳是周成建的女儿。从年龄上来看，今年女富豪平均年龄为 46 岁，最年轻的杨惠妍 28 岁。当财富沿着时代的步伐在家族中开始流转的时候，你知道这意味着什么吗？这意味着白手起家的故事在现代的商业社会，越来越难讲通了；这意味着在你真正拥有自己的企业之前，通过做一个职业经理人去积累你的原始资本，已经成为了没有选择的选择；这意味着中国已经全面地进入了职业经理人时代。

巴尔扎克说：世界上没有原则，只有世故，没有法律，只有时势，高明的人同世故跟时势打成一片，任意支配。同世故跟时势打成一片其实就是职业营销选手必备的诸葛式智慧。业余营销选手认为，营销职业经理人的天职，就是帮助企业解决市场问题，只要市场有问题，自己就不会失业，自己解决市场问题的能力越强，自身的价值就越大。实际上所有同世故跟时势打成一片的职业营销选手都明白，市场的问题是永远也解决不完的，营销职业经理人的真正价值在于，把企业的营销目标从想法变成现实。诸葛先生为什么要六出祁山，他唯一的弟子姜维为何九伐中原，原因只有一个，他们要把蜀国统一天下的想法变成现实。

为什么很多企业总裁和职业经理人，都喜欢成为诸葛亮呢？因为诸葛亮在中国的传统文化里面，就是智慧的象征。实际上所有业余营销选手都分不清楚，智慧与聪明的关系。如果你问他们智慧与聪明的区别，得到的回答通常都是：聪明用在小事上，所以叫小聪明；智慧用在大事上，所以叫大智慧！真的是这样吗？其实一句话就可以把营销的智慧与聪明的关系讲清楚。聪明的营销决定，都是在事后做出的，但所有智慧的营销决策，都是在事前做出的，事实其实就这么简单。业余营销选手喜欢做诸葛亮，但他们做的是事后诸葛亮，市场出现了问题，然后自己再通过解决问题体现价值，这本身就是事后诸葛亮；职业营销选手也喜欢做诸葛亮，但他们做的从来都是事前诸葛亮。

昨天我去一家企业做渠道客户开发的内训。他们的最主要的内训需求是：营销人员如何面对经销商客户的拒绝。我第一句的开场白就说：我非常不愿意讲这个课程，因为对于所有营销人员来讲，如何面对客户的拒绝这样的培训，根本没有任何意义。如何面对客户的拒绝，本身就是一种悲哀，因为前提是客户已经拒绝了，我们应该怎么做？这是业余营销选手讨论的问题，是属于事后诸葛亮的范围。职业营销选手讨论的问题应该是：我们怎样让客户无法拒绝，这才是事前诸葛亮讨论的范畴。

在营销实战当中，我们遇到类似的情况非常多，以解决问题为天职的业余营销选手，总是会有意无意地给自己设置类似"客户拒绝"这样的假设，用这个假设去制造很多问题，再去设法解决这些问题。职业营销选手考虑客户开发这样的问题，总是事前做好规划和准备。规划什么？主要是规划完成销售目标和实现市场的有效覆盖，这个区域的市场需要多少个代理商，这些代理商应该具备怎样的基本条件。准备什么？所谓心态的调整与资料和知识的准备，其实都是业余营销选手准备的内容，职业营销选手最重要的是准备详实的第一手市场资料，比如这个代理商在市场上的份额，他的下游客户对他的评价，他目前的业务模式的优点和缺陷。职业营销选手不会给自己设置任何类似"客户拒绝"这样的假设，他们考虑的是怎样让客户无法拒绝，实际上在没有实地调查之前，职业营销选手自己也不知道客户无法拒绝的到底是什么，这才是事前诸葛亮的智慧。

在昨天的内训互动交流环节，一个大区经理提出了这样的问题：赵总你讲得非常精彩，我们也把"独家经营"、"市场占有"、"品牌提升"这些客户无法拒绝的理由讲了，但是我们推广的是一个新品牌和新产品，但客户对新品牌和新产品天生就有害怕尝试的躲避风险的心理，我们该怎么解决呢？我的回答很干脆：谢谢你的表扬，实际上我从来不关注我讲得是否精彩，而只关注是否对你们有用。实际上你做了一个非常有趣的假设："代理商因为害怕风险拒绝没有尝试过的新品"，做营销最可怕的就是做事情前自己给自己想象出一大堆问题，这样你将永远面对一大堆世界性的营销难题，并且乐此不疲。实际上对于既喜新又不厌旧的中国消费者，你的假设就算成立，也只有50%的几率，你是全中国最有钱、有才干的男人，也没可能全世界的女孩子都喜欢你啊！你为什么不把精力放在另外不排斥新品牌，甚至希望拥有新品牌的50%客户身上呢？按照你这个逻辑，就算世界第一美女来追求你，你也不能答应，因为她对于你来讲是新品啊！

在大家的掌声中，我避重就轻地完成了这个问题的回答，实际上我内心真正想对这位大区经理说的是：这是典型的事后诸葛亮的自作聪明。业余营销选手总是试图把自己置于问题的后面，习惯用自己的思维和经验去假设客户的想法，从而给自己设置一大堆的世界性营销难题。职业营销选手强调的是事前的规划和事前的准备，讲求的是事前诸葛亮的现实智慧。职业营销选手从来不会在没有规划和准备的前提下，给自己假设任何问题。

职业营销选手训练的第八天，你必须清楚：机遇总是垂青有准备的头脑，对于职业营销来讲只说对了一半，准备是需要准备的，但职业营销选手与业余营销选手准备的方式不同。这句话说对了"事前诸葛亮"那一半，成就了职业营销选手，所以职业营销选手总是事前按照目标去规划和准备，他们永远只说自己完全知道的，只承诺自己完全能做到的；这句话忽略了"事后诸葛亮"那一半，误导了业余营销选手，所以业余营销选手总是给自己准备一大堆假设的世界性营销难题。

第九天：保留选择的底线

　　最近我们百年盛世咨询公司，有两个项目在洽谈，都是关于企业营销系统再造的项目。这两家企业属于同一个行业，规模差距不大，面临的问题也类似，最大的区别是这两家公司负责咨询项目的人员不同。一家公司是由人力资源部经理负责咨询公司的选择，一家公司是由市场部经理负责咨询公司的洽谈。我们为两家公司都做了初步的项目建议书，双方都对我们的项目建议书很感兴趣，但他们提出的问题却截然不同。

　　由人力资源部经理负责咨询项目的公司提出的问题是：请问你们公司能否举出一个与我们企业类似的项目案例，描述一下这个企业没有接受你们的咨询之前是怎样的，你们采取了怎样的方案和措施，咨询后的效果是怎样的？由市场部经理负责咨询项目的公司提出的问题是：对于你们建议书中把营销模式分解为营销战略，营销策略，营销执行三个模块的方法，我们很感兴趣，请问你们用这些咨询方法给我们这个行业哪些企业做过营销方面的咨询，包括我们的上游和下游企业。不同类别的市场，不同类别的客户，都可以运用这个营销模式吗？

　　当这两个问题摆在我面前的时候，几乎完全出于直觉，我对第一家企业提出的问题，根本提不起回答的愿望。甚至在项目洽谈会的时候，那位人力资源的负责人，提出同样问题的时候，我还是凭着直觉说：你们做人力资源的人总是喜欢按照固定的逻辑去看待营销，其实这个逻辑根本不是营销的逻辑，而且我们从来主张不要神化营销咨询的作用。结果可想而知，我们公司失去了这个项目，但我并没有任何遗憾，并不是因为我们获得了另外一个项目，而是因为我们百年盛世保留了我们选择客户的底线。

咨询行业尽管是一个非常特殊的服务行业，所有咨询公司与其他企业一样，只要打开门做商业，市场细分和客户细分永远是营销的基础。你是中国最漂亮的男孩子，不可能在国外也是，所以肯德基来中国，也说：为中国而改变！如果他说：改变中国，你还去吃吗？你是全世界公认的第一美女，也不可能全世界的男孩子都喜欢你。这是为什么呢？因为每个人都有他自己选择的底线。对于营销来讲，客户无疑是一种不可再生的资源。我们在 A 地有一个非常优秀的代理商 B，没有任何企业有能力去 A 地再复制一个同样的 B；同样，C 行业的行业集中度很高，排名前 10 名的企业，已经占领了 C 行业 70％的份额，但如果有一天这个行业前 10 名的企业同一天倒闭，消费者的购买量绝对不会同样减少70％。每一个营销者都必须重视客户的力量，但全世界没有任何证据显示，一个企业的业绩与它拥有的客户数量成正比。也就是说，并不是你企业的客户数量越多，你企业的业绩就越好！

百年盛世员工守则中有这样一条：百年盛世的每一个员工必须牢记，做咨询和培训一定要有分寸，永远不要妄想成为任何企业和个人的教父，因为所有直面竞争的企业和个人都有迫不得已的选择。这句话真正的含义是：迫不得已的选择是最可怕的选择，我们要尽量躲开所有迫不得已的选择，所以我们必须有分寸，这个分寸实际上就是必须保留选择的底线，如果你问我百年盛世选择的底线是什么，我是不会说的，因为如果你不是做咨询行业的，我告诉了你对于你也毫无价值，如果你是做咨询行业的，我要告诉你就等于泄露商业机密了。我能够告诉你的是：每一个正常运营的企业，在面对市场和客户的时候都必须具备自己的选择底线。因为面对市场和客户，所有企业的资源和能力都是有限的。

从营销实战的角度，一个企业真正具备选择的底线，都是从这个企业建立"市场部"开始的。你知道一个企业开始建立市场部意味着什么吗？

一个企业发展到一定阶段，真正投入资源开始建立市场部的时候，这起码意味着三件事情：第一就是这个企业已经明显感觉到，企业的发展遇到了市场的阻挡，企业开始明白总是一路低头狂奔而不抬头看路，就算能够跑得快，但绝对走不远。第二是企业真正开始体会到，脱离了市场，销售甚至营销根本一钱不值，企业在感受到市场压力的同时，开始对市场生出了敬畏之心。第三是企业真正明白了行业是什么，行业其实就是竞争对手组成的竞赛队伍，一个行业表面上越繁华，行业内的竞争就越激烈。市场部真的如此重要吗？这个问题我无法回答，我能够告诉你的是：建立自己企业的市场部，这对一个企业非常重要。

在百年盛世的营销咨询项目中，我们接触最多的企业内部人员，就是企业的市场部经理。从一个营销顾问的角度讲，我们最喜欢接触的，也是企业的市场部经理。基本上通过与一个企业的市场部经理的交流，如果交流非常顺畅的话，我们起码可以了解到这个企业营销的80％以上的事实。在我们的咨询经历中，那些让企业高层非常认可的咨询建议，很多都来自对这个企业的市场部经理的深层访谈。这道理其实非常简单，绝大多数企业能够在市场上有一席之地，这个企业具备营销选择的底线，一个非常重要的原因是：这个企业的市场部经理是职业营销选手，而不是业余营销选手。如果我们发现这个企业的市场部经理也是一个业余营销选手，我们就往这个市场部经理的上级去找，最终一定会在他的上级领导里发现职业营销选手，否则这个企业早就在市场中消失了。

业余营销选手总是喜欢脱离市场以外讨论营销问题，他们总是讲销售额增长了多少，客户开发了多少，销售人员有多少。职业营销选手从来不脱离市场与你探讨任何营销问题，因为所有职业营销选手都知道，如果脱离了具体的市场和客户，所有关于营销的探讨都不会再产生任何价值，甚至不再具有任何意义。所以职业营销选手总是告诉你，他们的市场是如何分类的，每个类别的市场是怎样分布的，不同类别的市场资源配置是怎样的；他们的客户是如何分类的，每个类别的客户的资源配置是怎样的。每一次我听到企业内部的职业营销选手，把营销的现状从市场和客户的角度，如数家珍地娓娓道来，都会感觉有说不出的舒服，就像一个歌迷听到了自己偶像的新专辑那么舒服。因为他讲的就是这个企业营销选择的底线，是这个企业营销最大的商业机密。

无限度地欺骗和满足客户，无节制地引导和迎合市场，你的企业都会倒闭。所以每个企业都必须保留选择的底线，一个企业拥有营销选择的底线的基础，就是设置自己选择职业营销选手的底线。这个底线其实也非常简单，就是你起码必须保证，你的企业内最低限度必须拥有一个职业营销选手。非常遗憾的是，很多企业都没办法找到或者留住职业营销选手，关键的原因就是：我们很多企业的总裁，根本就没有为自己设置选择的底线。时下流行的"顺我者昌，逆我者亡"的老板作风，这叫选择的底线吗？

职业营销选手的第九天，我们不是在开设一个总裁培训班，告诉企业总裁如何保留选择职业营销选手的底线。但上面所说的内容，每个职业营销选手都知道对于一个企业有多重要。如果你真正想成为一个职业营销选手，就必须学会站在一个企业的高度去考虑市场问题。曾经有一位新上任的市场部经理这样问我：为什么我们提出的方案和建议，老板总是反对，还说我们市场部有问题？我笑着问他：人力资源部是管什么的？他说：是管人的。我说：是管人力资源部的人吗？他说：不是，是管全公司的人！我又问他：市场部是管什么的？他说：就是管市场的呗！我说：是管市场部的市场，还是管全公司的市场？他半天没有说话。我说：市场部出的方案和建议，不是市场部的方案和建议，而是站在公司的角度，对市场做出的选择和判断，你下次做方案和讲解方案，站在公司的角度去考虑市场问题，不要用任何带"市场部"的字眼去试试。结果呢？结果非常简单：他们的方案和建议通过率大幅提升，那个市场部经理现在已经是营销总监了。

职业营销选手的第九天，如果你真正想成为职业营销选手，你必须记住的实际上只有一句话，这句话是每个职业营销选手都埋在心底里，而不愿意告诉任何业余营销选手的话，这句话就是所有业余营销选手都不知道，而所有职业营销选手都在坚守的营销职业底线，这句话就是：我想留，就绝对没有人能够赶走我；我想走，就绝对没有人可以留得住。只有一个在营销职业生涯里，能够具备这样坚守选择的底线的人，才会在市场上有保留选择底线的表现，其实职业营销选手和业余营销选手最大的区别就在这里。那些想留下，但却被别人赶走的人，那些想离开，最后又被别人留下的人，100％都是业余营销选手。只有一直保留职业选择底线的职业营销选手，才会在营销实战中坚守营销选择的底线，这是所有企业能够在每一场营销战役中控制结果的最低要求。

第二章
职业营销选手融于人情世故

我们首先来回顾一下，职业营销选手的前九天，也就是职业营销选手训练的第一个阶段，你都接受了怎样的训练。从第一天认识职业营销选手训练这个鬼东西开始，你知道了职业营销选手训练其实是没有老师和教练的。然后你从对自己负责的态度开始，艰难地拒绝同质化，坚决地宣布独立，完全地习惯竞争，知道了必须专注一点，拥有了"人活一张脸"的勇气，具备了事前诸葛亮的智慧，并且永远为自己保留选择的底线。

职业营销选手训练的第一阶段，主题只有一个，就是：职业营销选手永远立自己于不败之地。与其说这是职业营销选手的心态训练，不如说是职业营销选手的心智模式构建。心智模式构建的最主要方式，就是思维方式的训练。除了前九天训练的内容，我们特别提示一点：职业营销选手要在心智上立于不败之地，必须保持清醒的头脑。保持清醒的头脑其实也没有什么太多的好处，有时候还会很痛苦。保持清醒的头脑，对于职业营销选手来讲只有一个好处，就是可以稳定地发挥正常的水平。事实就是如此简单，只有稳定地发挥自己正常的水平，才是真正地心智成熟，才能在营销战役中立于不败之地。

进行了第一阶段的训练，你肯定会有这样或那样的疑问，其中最主要的疑问就是：能够立于不败之地又如何呢？我要的是胜利，要的是成为一个职业营销选手的胜利，而不是天天头脑非常清醒地看着自己毫无建树。是的，单纯的头脑清醒只是作为一个职业营销选手的基本要求。业余营销选手有时也可以保持清醒的头脑，但他仍然不是职业营销选手。职业营销选手与业余营销选手除了心智模式上的差别，更重要的区别在于素质上的差异。

素质是一个含义很宽泛的中性词汇，但素质最基本的定义只有三个。第一，素质是人生理上的原来的特点；第二，素质是事物本来的性质；第三，素质是完成某种活动所必需的基本条件。从这三个最基本的定义出发，我们确实很难解释清楚，什么是职业营销选手的素质。起码我们就不知道职业营销选手生理上应该有什么特点，我们总不能看到某个职业营销选手左脸有一颗黑痣，就说只有左脸有一颗黑痣的人才能够成为职业营销选手吧！实际上如果大家细心观察一下，我们很多的素质教育其实就是这样形而上学。成功学素质教育其实就属于典型的这一类案例，成功的人都是这样想的，这样做的，你也这样想这样做，怎么能不成功呢？实际上这个逻辑跟找左脸有一颗黑痣的人没任何区别。

素质的分类也相当地复杂，素质在理论上分为三类八种。三类素质是：自然素质、心理素质和社会素质。八种素质是：政治素质、思想素质、道德素质、业务素质、审美素质、劳技素质、身体素质、心理素质。职业营销选手的基本素质其实非常简单，一共就只有四个字，但你千万不要小瞧这四个字，当跨国集团甚至世界 500 强雄心勃勃地来到中国市场淘金的时候，也因为不懂这四个字而被中国市场排斥；当业余营销选手带着清醒的头脑准备在市场上攻城略地的时候，也因为不能体会这四个字的真正含义，而惨遭客户的拒绝。所有在中国做营销的人，都必须懂得这四个字——人情世故。

人情是感情中一种较小的感情，是人们愿意无偿为稍远的"我们"付出一些帮助的思想。人情不是友情，也不是爱情，更不是亲情，人情是对营销人员与客户之间的微妙关系的最贴切描述。营销人员与客户之间一定是与陌生人不同的，是有一种感情的，但这种感情肯定不是友情，也不是爱情，更不是亲情，业余营销选手总是徘徊在感情与利益的十字路口，职业营销选手清楚地知道，营销人员与客户之间的感情叫人情，做职业营销不懂人情，就丢失了做营销的本分。

关于世故，我觉得鲁迅先生的论断堪称经典，鲁迅先生感慨道："人世间真是难处的地方，说一个人'不通世故'，固然不是好话，但说他'深于世故'也不是好话。'世故'似乎也像'革命之不可不革，而亦不可太革'一样，不可不通，而亦不可太通的。然而据我的经验，得到'深于世故'的恶谥者，却还是因为'不通世故'的缘故。"世故最简单的解释就是处世的经验，业余营销选手不是没有经验就是太相信自己的经验，职业营销选手知道做职业营销不通世故是不行的，但过于世故更不行，因为对于职业营销选手来讲，世故之前还有人情，职业营销选手专注的是人情世故。

无论有多少士兵能够成为将军，"不想当将军的士兵就不是好士兵"都是一句非常棒的激励名言，但我们面对的事实是：一个农民的儿子要当一个连长，需要一辈子，一个将军的儿子要当连长，一张纸条就 OK 了！这不是人情，也不是世故，这就是人情世故。人情世故是我们日常生活中积累的约定俗成的行为规则，属于社会知识的范畴。这些知识大半来源于与不同人群的社会交际，也来源于社会冲突与社会发展。在有专业知识与技能的情况下，人情世故能够帮助我们个人缓和与其他人之间的紧张度，也比较容易让其他人感到与我们交往的愉悦感与建设性。

很多业余营销选手都喜欢讨论这样一个问题：营销人员到底是先学做人，还是先学做事呢？有人主张：先学做人，后学做事；更有人认为：

一事无成，何谈做人！但对于深味人情世故的职业营销选手来讲，这根本就不是问题。因为人情世故最简单的解释就是为人处世的道理，实际上就是做人做事的统一体，为人怎能不去做事，看一个人做人如何，关键是看他做了哪些事，对于职业营销选手来讲，做人就是做事，做事就是做人！

曾有人戏言：做营销做得好的人，做人一定没问题。我确实不知道这个结论是否正确，因为我根本不知道怎样才算营销做得好！对于人情世故，曹雪芹在《红楼梦》中有一句诗很是经典，经常被人用做座右铭："世事洞明皆学问，人情练达即文章"。有一次我去拜访一位营销总监，在他的办公室墙上，看到了一个市场营销版的人情世故座右铭，我觉得更适合营销人员："市场洞明皆学问，客情练达即文章"。

如果说人情世故是职业营销选手的基本素质，其实还不十分准确。人情世故的重要性，职业营销选手与业余营销选手其实都是知道的，业余营销选手甚至表现得比职业营销选手更通人情世故。在人情世故这个营销最基本的素质问题上，业余营销选手与职业营销选手最大的区别是：业余营销选手是精通人情世故的人，做精通人情世故的事；而职业营销选手是融于人情世故的人，做融于人情世故的事。职业营销选手训练的第二阶段，也是九天的时间，这九天当中我们唯一的目标，就是通过训练掌握职业营销选手的基本素质：既不是不通人情世故，也不是精通人情世故，而是融于人情世故。

第十天：古为今用

身为中国人，我们深深为中国浩瀚灿烂的历史文化而自豪。人情世故绝对不是孙悟空，可以凭空从石头中一跃而出。人情世故是人类用历史沉积而成的一门百科全书，想要用文字来描述和总结人情世故，其难度确实难以想象。但在我们中国，确实就有这么一本奇书。这本书曾经是中国古代儿童的启蒙书，书名最早见之于明代万历年间的戏曲《牡丹亭》，据此可推知此书最迟写成于万历年间。至今也无从考证这本书的作者是谁，我们相信这本书应该是中国古代民间智慧的结晶。是的，你猜对了，这本书就是《增广贤文》。

从体验人情世故的角度，一共四千余字的《增广贤文》，可谓字字珠玑，道尽人情冷暖、世态炎凉。如果用一个字来形容《增广贤文》，我觉得最合适的字就是"冷"，《增广贤文》用冷眼看穿人情世故，然后再把人情世故冷冰冰地扔在我们面前。很多人读古文都觉得很难读懂，但《增广贤文》中类似"养子不教如养驴，养女不教如养猪"的阐述方式，几乎人人都一看就懂。人情世故本来就是人人都无法躲避的现实，而且这个现实是从古至今一直延续下来的。职业营销选手训练的第十天，我们节选了《增广贤文》中的部分精华，与大家分享。业余营销选手想要真正融入人情世故，就要从古为今用的角度开始理解人情世故。《增广贤文》的正文第一句就是：观今宜鉴古，无古不成今。

关于财富的人情世故：

"人为财死，鸟为食亡"赤裸裸地告诉我们，人类追求财富就像鸟类争夺食物一样，是生死大事；"贫居闹市无人识，富在深山有远亲。"冷冰冰地把贫与富之间人际关系的差异一语点破；"积金千两，不如明解经书"说的是知识就是财富;"人无横财不富,马无夜草不肥"讲的其实就是富贵险中求。"富人思来年,穷人思眼前。""富从升合起,贫因不算来。""马行无力皆因瘦,人不风流只为贫。"这些语句的意思大家基本一看就明白。

关于金钱的人情世故:

"运去金成铁,时来铁似金"说的是赚钱必须把握时机。"闹里有钱,静处安身"讲的是要赚钱就要去繁华的地方,因为有人花钱的地方才能赚钱。"两人一般心,有钱堪买金。一人一般心,无钱堪买针"说的是真诚的合作才能赚钱,和睦的家庭才能富足。"有钱道真语,无钱语不真;不信但看筵中酒,杯杯先劝有钱人。""无钱休人众,遭难莫寻亲。""世上若要人情好,赊去物件莫取钱。"大家一看就懂了。

分享到这里,大家也许都感觉到了,其实任何的注解或者解释,其实都没有《增广贤文》原文对人情世故的理解深刻,没有《增广贤文》原文对人情世故的描述简单直接。人情世故无论你知不知道,不管你是否理解,它都依然存在,而且会从古至今地持续存在,一个人敢说自己精通人情世故,其实根本就是痴人说梦。人情世故是一门真正需要活到老学到老的社会科学,职业营销选手最踏实的学习态度,就是融入其中,边做边学,边学边做,这种学习态度本身,其实就是一种素质。

《增广贤文》的结束语是:"奉劝君子,各宜守己,只此呈示,万无一失。"我们奉劝所有想成为职业营销选手的读者,从今天开始,你手边就应该有一本《增广贤文》,至于是出版物,还是网上下载的打印出来,或者手抄本,都没关系,关键是放一份书面的《增广贤文》在手边,经常翻出来看看。做人做事能够万无一失,其实并不是职业营销选手素质训练追求的目标,融于人情世故才是职业营销选手素质训练的目标。

第十一天：今非昔比

《增广贤文》是人情世故的经典之作，但《增广贤文》并不是职业营销选手的圣经。"熟读唐诗三百首，不会做诗也会吟"的方法也能训练出诗人，但训练出来的都是业余诗人。职业营销选手其实是一种时代产物，简单地讲就是，我们现在进行的职业营销选手训练，只能训练出我们这个时代的职业营销选手，因为每个时代的职业营销选手所具备的素质都是不同的。一个训练系统可以训练出一批横跨几个时代的职业营销选手，不是一个笑话，而是纯粹的恐怖主义。

今天是职业营销选手训练的第十一天，也许你还沉浸在《增广贤文》的精彩之中，我们温馨地提示你，我们这个时代的所有职业营销选手，都知道比古为今用更关键的，是知道人情世故已经今非昔比。人情世故本身也是随着时代的进步而不断演变的，每个时代的职业营销选手，都必须把握这个时代的要素，才能真正融于这个时代的人情世故。我们现在这个时代的职业营销选手，要融入这个时代的人情世故，需要把握的时代要素，不多不少，刚刚好就是十一个，职业营销选手训练的第十一天，我们需要掌握的就是这十一个要素。

第一个基本要素是：吃的素质

我们这个时代的所有职业营销选手，要融入人情世故，都必须具备吃的素质。"民以食为天"，中国的食文化可谓源远流长。自从中国人依靠自己的能力解决了吃饭的问题以后，吃什么就成为一门科学，怎么吃就成为一门艺术。职业营销选手可以不吸烟，也可以不饮酒，但就是不能不吃饭，只要你吃饭就不能避免与客户一起吃饭，只要与客户一起吃饭，你就必须具备吃的素质。

职业营销选手首先必须掌握的是吃的十大境界："果腹""饕餮""聚会""宴请""养生""解馋""觅食""猎艳""约会""独酌"。每个不同的境界都需要针对不同的对象选择不同的地点，其他都好理解，我们简单解释一下"饕餮"的境界，"饕餮"吃的是一个"爽"字。呼三五好友去一家稍大众的馆子，稀里哗啦点上满满的一大桌菜，价钱却不贵，胡吃海塞一通，兴之所至，还能吆喝两声，划几下拳，甚至还可以赤膊上阵。

其次，职业营销选手必须了解菜系。菜系，也称"帮菜"，是指在选料、切配、烹饪等技艺方面，经长期演变而自成体系。首先，你与多少个国家的客户打交道，就必须了解多少个国家的菜系。最重要的是，作为一个中国的职业营销选手，你必须了解中国的菜系。我们中国有八大菜系，分别是：鲁菜、川菜、粤菜、闽菜、苏菜、浙菜、湘菜、徽菜。作为一个职业营销选手，你最起码应该知道各个菜系的特点、风味和招牌菜。比如湘菜的特点是油重味浓；鲁菜分为齐鲁风味、胶辽风味、孔府风味三种风味；川菜的招牌菜有鱼香肉丝、宫保鸡丁、夫妻肺片、麻婆豆腐、回锅肉等。

除此之外，每个职业营销选手都必须具备点菜与买单的素质。什么场合必须提前把菜点好，什么场合不能点菜，不同的场合点多少菜，点什么菜；什么环境要抢着买单，什么环境坐着看别人买单，什么环境悄悄地把单买好。所有这些问题，真正的职业营销选手往餐桌前一坐，早就胸有成竹，谈不上三句话，菜还没有点完，对面的客户已经暗暗竖起大拇指：果然是职业选手！

第二个基本要素是：喝的素质

提到喝，大家想到的首先就是喝酒。对于一个职业营销选手，无论你的酒量如何，你必须懂酒，这不是一项个人爱好，而是一种基本素质。首先拿白酒来说，白酒按香型分酱、清、浓、米、凤五大香型。酱香型白酒：亦称茅香型，以茅台酒为代表。清香型白酒：亦称汾香型，以山西汾酒为代表。浓香型白酒：亦称泸香型、五粮液香型，以泸州老窖特曲及五粮液为代表。米香型白酒：亦称蜜香型，以桂林象山牌三花酒为代表。西凤酒是凤香型白酒的典型代表。作为一个职业营销选手，你可以不喝白酒，但你起码必须知道这五大香型白酒的特点和代表。比如客户把茅台往桌子上一放，你起码应该知道它是酱香型白酒的代表，特点是酱香突出、幽雅细致、酒体醇厚、回味悠长、清澈透明、色泽微黄。客户不会觉得他碰到的是一个酒鬼，而是感觉到你的职业素质相当专业。

白酒除了主流的五大香型，还有五小香型，它们是，以白云边和中国玉泉酒代表的兼香型白酒；以景芝白干为代表的芝麻香型白酒；以董酒为代表的药香型白酒；以玉冰烧为代表的豉香型白酒；以四特酒为代表的特型白酒。酒类除了白酒还有啤酒、红酒、清酒、黄酒等。一个职业营销选手起码应该知道，啤酒的最佳饮用温度在10℃，这个温度泡沫最丰富且既细腻又持久，香气浓郁，口感舒适。倒葡萄酒时，一般白葡萄酒斟入酒杯的2/3容量，红葡萄酒斟入酒杯的1/3容量。对于职业营销选手来讲，这些都是喝的基本素质。

喝的素质其实远远不止这些，最值得一提的就是茶；中国的茶文化绝对可以与酒文化并驾齐驱。曾经有人做过这样的论断：能一起喝酒打架的人可以是敌人，但能一起喝茶谈心的一定是朋友。当别人拿起酒杯的时候，你可以说我不会喝，但当别人拿起茶杯的时候，你也说不会喝吗？作为一个职业营销选手，你起码要知道，中国的茶分为绿茶、红茶、青茶、黄茶、黑茶、白茶六大类；中国的十大名茶是：西湖龙井、洞庭碧螺春、黄山毛峰、安溪铁观音、岳阳君山银针、云南普洱、庐山云雾、信阳毛尖、祁门祁红、六安瓜片。我们不是要把职业营销选手训练成品酒员和茶博士，这些基本的常识，其实是职业营销选手融入人情世故的起点，这些都是让客户感到与职业营销选手交往的愉悦感与建设性的基本素质。

第三个基本要素是：穿的素质

"人靠衣服马靠鞍"，"佛要金装，人要衣装"，穿的素质无疑也是职业营销选手必备的素质。服装被人们称为"人的第二层皮肤"。穿的素质其实是一种"无声的职业语言"，它能反映出一个人的社会地位、文化修养、审美情趣，也能表现出一个人对自己、对他人以至于对生活的态度。TPO是西方人提出的服饰穿戴原则，分别是英文中时间(Time)、地点(Place)和场合(Occasion)三个单词的缩写。原则要求人们在着装时以时间、地点、场合三项要素为准。

如果我们见到一个营销人员，穿着休闲 T 恤衫和凉鞋来参加谈判，就算所有的人都说他是职业营销选手，他自己都不相信。作为一个职业营销选手，实际上是很难抽出时间来修饰自己的，所以更必须掌握最基本的穿的素质。首先在服装颜色的搭配上，最多只能用三种颜色，而且其中一种颜色最好是白色，才能显得协调。一般来说，黑、白、灰是三种安全色，在穿衣服时都能很好搭配。如果你也像我一样，在这方面没什么天分，那就可以像我这样安分一点，只选择黑色与白色的服装。其实这不是偷懒而是取巧，黑色的服装实际上最富有魅力。美国一家很有名气的时尚杂志曾经在世界范围内对女性进行过大规模的民意测验，结果发现 4/5 的人对黑色服装颇有好感。

除了颜色以外，穿衣服还必须配合自己的体型。一般说，身材肥胖的人不宜穿红、黄、白三色衣服。因为这三种颜色色调明亮，给人以一种扩张感，会使你显得更加肥大。而身材瘦小的人不宜穿深暗色的服装。因为深暗色给人以一种收缩感，会使你显得更为纤细无力。身材高大的人最好选用色彩鲜艳的花色图案衣料，上下装色调最好一致，才能使身材显得苗条。而身材矮小的人，最好选择垂直线条服装，利用人们的视觉误差来增加身体的高度。下肢较短的人，上下装色调不能对比强烈，明显分开，否则会使自己弱点更为明显。臀部肥胖的人应穿花上衣、素裙子，上衣要能盖住臀部，可以把别人的注意力集中到你的上身。穿着得体对职业营销选手其实没有太多的好处，唯一的好处是让人一看就感觉：职业。

第四个基本要素是：住的素质

有白天就有黑夜，有工作就有休息，无论居家还是外出，住都是职业营销选手逃避不了的生活状态。关于住的基本素质，我们先来谈谈宏观的，宏观的住其实就是房地产。土地和房产是现代中国人公认的热点，随着时代变迁，住房从土坯屋到砖瓦房，又从砖瓦房到楼房，从福利房到商品房，从一家三代人蜗居在不到 20 平方米的斗室里，到现在一家人享受着上百平方米的居室，从"忧"其居到"有"其居再到"优"其居的过程中，住房其实也在潜移默化地影响着人情世故。作为一个职业营销选手，你起码要知道新的《物权法》都做出了哪些重要决策，起码要知道近几年的房价大体走势。当客户谈起住房问题这个热门话题的时候，职业营销选手可以不专业，但不能一问三不知。

居家是住的第一个基本素质。老舍先生在他的著作《住的梦》里面写道："春天，我将要住在杭州。夏天，我想青城山应当算作最理想的地方。秋天一定要住北平。"老舍先生说的梦，何尝不是我们的梦。职业营销选手可以不做这样的梦，但也绝对不能给人居无定所的感觉。只有业余营销选手才会说房价过高，自己持币观望这样的非职业语言，职业营销选手在谈论居家这个问题上，给客户的感觉就是稳定和安全。居家如此，出差住宿更体现职业营销选手的基本素质，如果你碰到这样的营销人员，一到你居住的城市就问你他住哪里好，接待你的时候带着你满世界去找宾馆，这些都是不折不扣的业余选手。在我们一次外出做咨询项目外部调研的时候，一位接待我们的大区经理说的一句话，让我们感触很深："吃饭就要去人多的地方，住宿就要去新开业的地方，一个营销人员到一个市场一个月，就应该把哪里吃饭又好吃又实惠，哪里住宿既经济方便又干净安静，摸得清清楚楚，这是做营销的基本功。"

第五个基本要素是：行的素质

无论是业余营销选手还是职业营销选手，想长时间坐在办公室里，都是不行的。穿行于各个市场之中，是所有营销者的生活状态。20 世纪五六十年代，出行基本靠"11 路车"；20 世纪 70 年代至 80 年代初，拥有自行车不是一件容易的事情；20 世纪 80 年代末至 90 年代：骑摩托车是很"威"的年代；20 世纪 90 年代末至今，作为一个职业营销选手，无论你是否拥有自己的私家车，如果你还没有汽车驾驶执照，你很难令人相信你的职业。

曾经有这样一个笑话，一个客户开来一辆新买的敞篷跑车，跟一位区域经理在一起吃饭，区域经理说："换新车了，这种小车挺漂亮的，是 QQ 的吧，怎么也要 10 万元吧！"你能想象客户有多郁闷吗？职业营销选手不需要成为 4S 店的店长，但对汽车的品牌和系列必须有最起码的知识。职业营销选手行的素质，最集中的体现就是每个月拜访路线的安排。这个月应该先到哪个市场，再到哪个市场，最后到哪个市场。到了市场以后，先拜访哪个客户，再拜访哪个客户。中间有公共关系等突发事件出现，处理完以后如何调整拜访路线，这些都是职业营销选手的基本素质。

第六个基本要素是：玩的素质

公交车上，人满为患，紧贴车门的一男一女，男的戴副眼镜，拎个皮包，一脸猥琐，女的 office lady 的样子。两人肆无忌惮地谈话。男："今晚你老公不在家吧?"（周围一下安静许多……）女："嗯，他这礼拜都在外地。"男："那今晚可以耍了?"（隔壁的大伯扭头过来看……）女："你想咋个耍嘛?"（隔壁的阿姨也扭头过来……）男："老样子撒，我开房间。"（隔壁的中学生也扭头过来……）女："切，你开房我才不来呢，要么我开。"（众人大跌眼镜……）男："好撒，你开，我进来整死你。"（周围群众倒吸一口凉气……）女："以为我好欺负撒，不晓得哪个弄哪个，吃不消不要求饶!"（群众眼里散发着鄙视的光芒）男："你再凶我也只能陪你 1 个钟头，晚上我还要陪我女朋友"（车厢里有杀气……）女："喊她一起来耍撒。"（全晕）男："她只会斗地主，不会打麻将。"（全部暴走）

据说，现在的营销人员，如果不会打麻将，尤其是不会斗地主，根本就无法与客户"打成一片"。但我们所说的职业营销选手的玩的素质，也不是指打麻将，斗地主这类的玩，职业营销选手玩的素质，特指大众体育项目。

玩的范围很广，玩物丧志绝对不是空穴来风，作为一个职业营销选手，你会不会打麻将或者斗地主都没关系，关键是你必须具备一项大众体育项目玩的素质。大众的体育项目很多，篮球、排球、乒乓球、田径、网球、游泳、羽毛球、自行车、足球等都是，每个职业营销选手都要选择一种自己最喜欢和擅长的项目，作为自己最基本的玩的素质。比如你选择篮球，那起码你应该知道 24 秒进攻，8 秒进入对方半场，5 秒掷界外球出手这些基本规则；如带球走步、两次运球、脚踢球这些最基本的违例；无论你是否每场 NBA 或者 CBA 都看，你起码应该知道 NBA 的常规赛和季后赛是怎么回事，东部赛区与西部赛区的形势怎样，各个球队的战绩和关键球员。最重要的是，职业营销选手选的这项运动，自己要有时间能够去实际参与，这样才能算真正具备了这项玩的素质。

第七个基本要素是：健康的素质

健康是人类最基本的生活需求之一。职业营销选手要真正融入人情世故，必须具备基本的健康素质。健康素质首先是养生的素质，养生最简单的解释就是保护生命、延年益寿。我们不需要把每个职业营销选手都训练成营养师，但作为一个职业营销选手，必须知道下面这个最基本的饮食养生公式："营养组合＋巧选脂肪＋三餐定量＋凉吃有益＋细嚼慢咽＋多吃多动＋少食多餐＋摄足微量营养素＝健康＋健美"。仅从饮食来讲，健康已经成为了现代饮食的第一要求。

吃菜我们起码应该知道，蔬菜营养的高低遵循着由深到浅的规律，其排列顺序总的趋势为：黑色、紫色、绿色、红色、黄色、白色。而在同一种类的蔬菜中，深色品种比浅色品种更有营养。吃水果最好在饭前半小时至一小时或饭后一小时至两小时。早上醒来，先喝一杯水，预防结石，白天多喝水，晚上少喝水。这些最基础的养生常识，就是最基本的健康素质。

健康素质还包括常见疾病的预防和治疗。我们不是要把职业营销选手训练成赤脚医生，但对于职业营销选手来讲，基础的常见疾病的预防和治疗，是最基本的健康素质。比如感冒、发烧、胃肠不适、中暑等，这些都属于常见疾病。有一次我在一家企业参加战略研讨会，下午一开会就感觉胃肠不适，中间休息的时候，这个企业的营销总监笑呵呵地说：

"赵老师，胃肠不舒服吗？我这里有喇叭丸，你先吃几粒。"说完打开随身携带的公文包，拿出一瓶喇叭丸。我吃完以后，居然就好了，整个下午都特别有精神，自然免不了感谢一番，这位营销总监笑着说："我们这些做营销的人，经常出差在外，路上感冒发烧闹肚子是难免的，我这包里常备药随时都装着，一感觉不适马上自己处理。"那天在他的健康素质中受益的是我，我至今非常感激，如果受益的是他的上司，下属，或者客户呢？职业营销选手的健康素质，不但对自己是一种必要的保护，对身边的人也是一种爱护。

第八个基本要素是：教育的素质

教育，我们去教育谁呢？教育客户吗？职业营销选手的教育素质，指的是教育子女的素质。父母是孩子的第一任老师，教育子女的素质是为人父母的最基本素质。为什么中国人常说不养儿不知父母恩呢？因为中国的父母实在是伟大得超出任何人的想象。职业营销选手都知道，客户最开心的时候，不是谈起这个生意能够赚多少钱的时候，而是在讲到他的小孩的时候。面对那些一心望子成龙，望女成凤的客户，你连"男孩子要穷养，女孩子要富养"这样的基本教育常识都不知道，他们会有多郁闷。当客户跟营销人员说起他的儿子有多顽皮的时候，业余营销选手就只会说："淘气好，淘气的孩子聪明。"职业营销选手会说："你小孩几岁了？男孩子这个年龄顽皮是因为到了叛逆期，这个时候关键是要与他多沟通，第一是锻炼他勇敢，不要遇到问题就退缩；第二是要培养他说实话，无论情况有多糟糕，都要跟父母说实话。"如果你是客户，你感受到业余营销选手和职业营销选手的差别了吗？

职业营销选手不是教育专家，但职业营销选手起码要问清楚孩子几岁，才会发表自己的教育观点。基本上每个年龄阶段的教育重点都是不同的，人出生后 6 个月是培养咀嚼能力的关键期，8 个月是学习分辨大小、多少的关键期，2～3 岁是学习口头语言表达的第一个关键期，2.5～3 岁是教育孩子学习做事有规矩的关键期，3 岁是计算能力发展的关键期，3～5 岁是音乐才能发展的关键期，4～5 岁是学习书面语言的关键期，5～6 岁是掌握词汇的关键期，9～10 岁是由注重后果变化到注重动机的关键期，以后还有青春期、叛逆期。了解每个成长时期的教育关键，对于任何人来讲都只是举手之劳，只要点一下鼠标或者买一本书籍就够了，对于职业营销选手来讲，这个举手之劳却具有不一样的意义，因为这些是职业营销选手必备的教育素质。

第九个基本要素是：理财的素质

现代商业社会，为什么必须投资理财，地球人都知道。中国已经全面进入商业社会，作为一个职业营销选手，要融入现代社会的人情世故，必须具备投资理财的基本素质。职业营销选手不需要成为理财专家，但必须知道，理财的投资方式归纳起来基本有 14 种：它们是储蓄、债券、股票、基金、房地产、外汇、古董、字画、保险、彩票、基金、钱币、邮票、珠宝。企业创业融资的方式，除了贷款担保、科创基金、典当融资等以外，还有风险投资、天使投资、融资租赁等一些特殊融资渠道。当客户兴高采烈地告诉营销人员：我们公司要引入风险投资了，如果我们的营销人员一脸茫然：有风险还来投资？你说客户有多郁闷。

据专业人士分析，目前理财分为三个层次九个段位。初级层次包括三个段位，理财一段即储蓄；理财二段是购买保险；理财三段是购买国债、货币市场基金等各类保本型理财产品。中级层次也包括三个段位，理财四段是投资股票、期货；理财五段是投资房地产；理财六段是投资艺术品、收藏品。高级层次包括的三个段位是，理财七段投资企业产权；

理财八段购买与打造品牌；理财九段是投资人才。当客户跟你说他的股票的时候，你说：这是第四段位。当客户跟你说他买的新地产的时候，你说：才到第五段位。你说客户有多好奇？

第十个基本要素是：风水的素质

首先我们必须明确，风水不是封建迷信。2004 年国家住宅与居住环境工程中心发布了《2004 年健康住宅技术要点》，明确指出："住宅风水作为一种文化遗产，对人们的意识和行为有深远的影响。它既含有科学的成分，又含有迷信的成分。用辩证的观点来看待风水理论，正确理解住宅风水与现代居住理念的一致与矛盾，有利于吸取其精华，摒弃其糟粕，强调人与自然的和谐统一，关注居住与自然及环境的整体关系，丰富健康住宅的生态、文化和心理内涵。"我们这里讲的风水，特指环境学。家是居住的环境，办公室是工作的环境，我们不是要把职业营销选手，训练成观面相、看手相的风水大师，既然环境风水学已经成为现代社会的一种大众文化，那么职业营销选手要融入现代社会的人情世故，就必须具备最基本的风水素质。

中国有句俗话：一命二运三风水，四积阴德五读书，六名七相八敬神，九交贵人十养生，十一择业与择偶，十二趋吉要避凶。除了先天命与后天运以外，风水排在第三位。有一天你的客户要换办公室，你对他说：按照现代办公风水，办公室大门最忌对着电线杆、大树、烟囱，否则会影响财运。我在书上看的，能避免我们就避免吧。有一天你的客户要换一张办公桌，你对他说：按照现代办公风水，办公桌上方不可有横梁或吊灯，否则对升迁、财运不利。我在书上看的，反正地方宽敞，我们换个方位。有一天你的客户要养鱼，你对他说：按照现代办公风水，购买鱼儿的总数必须为单数，而且一定要穿插一尾深黑色的鱼类，才有稳定、镇厄效果，否则虽然发了财，未必留得住。都是书上说的，就按这个办吧，图个吉利。如果你是客户，你感觉如何。业余营销选手也许认为这太扰民了吧，实际上每个换过办公室、办公桌、养过鱼的人都知道，我们当时是多么需要这样的高素质建议。

第十一个基本要素是：科技的素质

科学技术是第一生产力，它一直推动着我们这个社会的变革，改变着我们的生活。还记得当年收到一封远方的来信是多么激动吗？现在收到来信我们一点也不开心，因为现在我们打开信封看到的不是广告就是账单。还记得家里有急事的时候，风风火火去发电报的时候，怎样考虑用最少的字把事情说清楚的经历吗？现在也只有在春节晚会上才能见到电报的身影，但内容已经从原来十万火急的"父病，速归"，变成了现在的温馨礼仪：某某发来贺电，祝全国人民春节快乐！手机当年叫做大哥大，那可是身份的象征，老板们当年把宝马和奔驰往路边一停，下车后一边来回走动，一边大声接打手机，"移动的电话就得移动着接"，那就是当年的"酷"，现在呢？现在的手机基本变成了快速消费品。今天的商业社会，科技升级换代的步伐越来越快，职业营销选手要真正融于今天的人情世故，与时俱进地训练自己的科技素质，是没有选择的选择。

业余营销选手喜欢回顾历史，他们讲的案例基本都是过去发生的故事，其实这都是我们第八天讲的事后诸葛亮。职业营销选手从来就不排斥科技对自己的影响，对每项应该掌握的新科技，都虚心地接受和学习，这就是我们第八天训练的事前诸葛亮。如果客户挂了个 MP3 或者 MP4 在听音乐，你突然冒出来一句：现在还有人用 BP 机吗？你说有多尴尬。这个时代的现代科技其实很多，我们不是要把职业营销选手训练成时代少年，说实在的，听周杰伦的歌，如果不看歌词，我确实听不出来他唱的是什么，但像摄影、玩电脑这些大众科技，就是职业营销选手必备的科技素质了。客户顺手扔给你一台数码相机，起码你要能够帮人家拍出全家福吧；客户请你帮忙录一下某个重要会议，你总不能拿着 SONY 摄像机问客户：怎么开机啊！笔记本电脑就不用多说了，现在我们在飞机场看到有人拿着笔记本出差，那早已是司空见惯的事儿了。

　　职业营销选手训练的第十一天，训练的内容似乎多了一些，但对于职业营销选手融于人情世故的基本素质来讲，这些还仅仅只是皮毛。有什么办法呢？今天的职业营销选手生活的商业社会，确实今非昔比了，而且这种今非昔比的速度，将会越来越快。从第十二天开始，我们将会开始训练规律性的人情世故，也就是那些在你的职业营销生涯中，基本不会改变的人情世故，但我温馨地提示大家，必须用这样的态度去接受下面的训练：人情世故本来就是随着时间、地点、感受、环境、人物、事件的变化而变化的。这个世界唯一不变的就是变化，这句话用在职业营销选手训练上，其实最实用不过。随着变化的节奏融于人情世故当中，永远是职业营销选手的最基本素质。

第十二天：礼尚往来

春秋时期，孔子在家收弟子开坛讲学，引起了当时鲁国国王鲁定公的重视，经常请孔圣人到宫中讲学。季府的总管阳虎特地登门去看望孔子，孔圣人觉得这家伙，无事献殷勤肯定非奸即盗，于是借故不见他。但阳总管岂是等闲之辈，人家可是专门研究人情世故的，于是他特地派人给孔圣人送去一只烤乳猪，当时的礼仪规定，大夫要送东西给士，不可以送到士的家里，如送到士的家里，士必须回拜谢礼。于是结果可想而知，孔圣人立即回访了阳总管。

孔圣人为什么要去回访阳总管呢？其实就是因为礼尚往来这四个字。在西汉的《礼记·曲礼上》上，这么记载"礼尚往来"这四个字："礼尚往来。往而不来，非礼也；来而不往，亦非礼也。"你知道西汉是什么年代吗？西汉是公元前202—公元9年，但远在春秋时期（公元前770—前476年），我们的孔圣人就因为礼尚往来，去回访了原本见都不想见的阳总管。这几个字，在春秋时期就能影响到孔子，可见礼尚往来的力量，任何职业营销选手都不能忽视。

2005年在深圳的西丽荔枝世界，我们公司为一家电子企业做职业营销选手选练的企业内训。当时我问一位男士：如果我昨天请你吃了一顿丰盛的晚餐，你今天晚上想干什么？他犹豫了一下说：我今天晚上也请你吃一顿丰盛的晚餐。我笑着说：谢谢，请坐！他坐下后，又站了起来说：我会先考虑一下你为什么昨天请我吃饭，再决定是否请你。我笑着说：回请我吃顿饭还要考虑那么多吗？看来在家里也不掌握财政大权，你夫人在训练现场吗？在大家的哄笑中，居然真的有一位女士站了起来说：我在！好家伙，其实我当时也有点晕，他夫人今天真的在现场！其实我不过是想通过互动告诉大家，礼尚往来是多么地令人难以拒绝。

因为半路杀出了这位夫人，我对那次内训记忆深刻。我当时对这位夫人说："很好，我也给你提个问题，如果你的老公打了你一个耳光，你会怎么做？"这位女士说："他不会的！"我继续我的职业式的调侃："现在没有，不等于以后不会，万一有一天他打了呢？"女士犹豫了一下："那也总得有个原因吧！"我说："别管什么原因，反正他就是先动手打了你一耳光！"女士也急了："无缘无故地打人，那我也还他一耳光！"于是大家都笑了，我也笑了。然后我笑着说："对于礼尚往来的力量，我们应该充分的信任，根本不用考虑原因，因为人们的正常反应就是，吃别人一餐，就回请别人一餐，你打我一耳光，我就还你一耳光，来而不往非礼也！"

对于礼尚往来这个规律性的人情世故的重要性，业余营销选手和职业营销选手其实都知道，唯一的不同就是：业余营销选手经常都是被动的，通常都是回请和还别人一个耳光的角色，但职业营销选手不同，职业营销选手一直都战斗在礼尚往来的第一线，扮演着礼尚往来的主导者，简单地讲就是通常都是先请人吃饭和先打人耳光的人。业余营销选手认为说到这里，他就已经完全理解了礼尚往来的运用，但职业营销选手都知道，这些理论离实际操作还有很大距离。这样训练其实还是过于抽象了，我们一起分享几个案例，一起来把礼尚往来落实到实际操作。

我们百年盛世咨询有一个客户，是某个知名品牌在浙江的代理商。他对那个品牌的忠诚度很高，因为那个品牌是他在当地推广开的，而且一做就是10年。在我们咨询的过程当中，他讲得最多的就是这个品牌的营销人员有多职业。我说："能不能举几个具体的例子？"他说我给你讲几个真实的故事吧："10年前，这个品牌刚进入浙江市场，找了很多代理商，大家都不做，那时候他们的区域经理找到我，我说考虑一下，实际上也不想做。谁知道第二天一大早，这位区域经理又来了，看到我们在卸货，二话没说，放下包就开始帮我们卸货，我记得当时他穿了一件黑色的风衣，卸完货风衣都成搬运服了，我心里很过意不去，于是就答应他先少发一点货过来试试，谁知道这一试就是 10 年，哈哈！第二年他们换了个区域经理，我还担心能力不行，配合不好。谁知道这个也很棒，我有多年的风湿病，一到阴天下雨就痛，这位区域经理，每次回总部开会，都会帮我带一种他们当地的风湿膏，非常管用，但是在我们这里买不到，现在他们虽然换了几任区域经理了，但每个人都会帮我带。这不，前两天，现任的区域经理，还特地从他们那里，千里迢迢地帮我带来了两盒。这些虽然都是小事，但这些小事他们都能想到，我相信他们一定可以把市场做好。"

对于营销人员来讲，还有什么比客户的信任与支持更能体现职业素质呢？对于职业营销选手来讲，礼尚往来不是今天你请我一餐，明天我回请你一餐的呼朋唤友，也不是你打我一拳我踢你一脚的商场搏击，真正的融于人情世故的礼尚往来，就是要让客户时时刻刻感觉到心里有点过意不去。有人说，一个营销人员如果能够博取客户的同情，是一种非常特殊的营销素质，实际上这是业余营销选手的素质。职业营销选手不需要同情，永远把握礼尚往来的主动权，时时刻刻想办法让客户感觉到心里有点过意不去，这才是职业营销选手的素质。

第十三天：循序渐进

今天是职业营销选手训练的第十三天，我们也十三点一下，先来讨论一下怎样追求女孩子的问题。对于大多数已婚人事，追求女孩子是很久以前的往事了，所以他们回答起这种问题也特别干脆利落：追女孩子其实也很简单，就7个字"胆大，钱多，脸皮厚"。成年人是一个善于总结的群体，他们基本上是从自己当年追求失败的案例中，总结出来这7个字的。成年人普遍认为自己当年追求失败就三个原因，第一是自己胆子太小，被那些条件比自己差但胆子比自己大的人抢了先；第二是自己当年钱太少，被那些钱多又舍得花钱的家伙吃到了天鹅肉；第三是脸皮不够厚，受到一点冷遇就不好意思了，那时候哪知道"女孩子说不的时候大多数都是好的意思啊！"

有一次记者采访周杰伦，问他追女的步骤，Jay说追女一般分为三个步骤：第一，穿得整齐啊，给人好印象哦！（乖孩子从小都这么认为）第二，口齿清晰，可以自我介绍啊！（这孩子唱歌我实在是听不懂歌词，真有点难为他了，不过说话还是挺坦诚可爱的，交女朋友也像唱歌似的口齿不清可不行）第三，交换电话。（晕，有几个女孩子不想要周董的电话啊！）据说Jay除了要电话号码以外，还有追女十大绝招：展温柔、耍风趣、扮酷、超男人、博同情、骚才华和献殷勤等。如此看来，追女孩子还真不是一件容易的事，是需要循序渐进的，不可能一步到位。

问题是追到手了又如何呢？据说现代的年轻人流行一种说法，追到手不是本事，能说分手就分手才是本事，看一个人追女水平的高低，不是看他追人的手段，而是看他甩人的手段。说实在，看到这些，我都感觉自己有点跟不上时代了。所有营销人员都知道开发市场和客户，与追女是很像的，现在几乎所有营销人员都接受过，把开发客户比做追求女孩的类似培训。营销人员进入一个新市场，就好像一个男孩子单身一样，发现了准客户就等于发现了美女，开发客户自然也要胆子大，舍得投入，脸皮厚。展开诸如博同情，献殷勤之类的攻势是不可缺少的。开发成功打款发货就算追到手了，要是总暴利和冲货，销量又上不去，那就只好分手了。所以市场营销行业里有句俗话：所有没有自己独立开发过一个新客户，并且亲手砍掉过一个老客户的营销人员，表现得再成熟，也不过是个孩子。

所有营销人员都知道，市场和客户的开发与维护，绝对不可能是一步登天的，也不是守株待兔，更不是掩耳盗铃，不能南辕北辙，也不能亡羊补牢，更不能拔苗助长，那应该怎样做呢？其实就应该像追求你心仪的女子一样，要循序渐进。职业营销选手与业余营销选手不同，业余营销选手想的是怎样把客户追到手，发现不合适再考虑怎样甩掉客户，职业营销选手在追求客户之前就已经考虑清楚了，为什么去追求。其实追求女孩子就两个目的，一个是要跟自己喜欢的人在一起，另外一个就是要与自己喜欢的人组成一个家庭。你千万不要说你追求女孩子不是为了这两个目的，你既不喜欢人家，又不想跟人家在一起，更不想跟人家结婚，那你招惹人家女孩子干吗？追求客户与市场，目的其实也只有两个，就是客情关系与市场业绩，如果你不是要与客户建立良好的客情关系，你开发一个客户难道就是为了亲手砍掉他？如果你不追求市场业绩，那你进入这个市场干吗？

循序渐进是每个职业营销选手都必须具备的基本素质。对于循序渐进这个人情世故，职业营销选手与业余营销选手有着完全不同的理解和表现。业余营销选手循的是市场业绩的序，进的是客情关系。业余营销选手认为，市场业绩的增长是必须遵循排队一样的秩序的，不可能超常规地增长，必须遵循每天进步一点点的堆积木式的增长。业余营销选手认为客情关系必须前进，不停地前进。职业营销选手恰恰相反，职业营销选手循的是客情关系的序，进的是市场业绩。

作为一个职业营销选手，你必须清醒地知道：市场业绩的增长，从来都是超常规增长的，绝对不会遵循任何秩序。市场业绩不是排队，不可能你先到这个市场，你就得到的一直最多。市场业绩更不是堆积木，不可能你增加一分投入就一定多占一些份额。如果我们一定要给市场业绩附加一个必须遵循的秩序，这个秩序就是市场业绩必须超常规增长。业余营销选手总是宏观地分析一个企业的市场业绩，你们企业去年的销售额和销售量是多少，对比去年增长了多少？曾经有经济学家下过这样的论断：如果一个国家的 GDP 增长维持在 10％，重点行业的平均增长率就是 20％；如果一个行业的平均增长率是 20％，那么这个行业的领军企业的增长率就是 40％。有道理吗？业余营销选手认为市场业绩的增长，遵循的就是这样的所谓秩序。

所有职业营销选手都知道，经济学家看营销，那叫有爱情没面包，过于理想化。职业营销选手一定会微观地分析市场业绩，微观的市场业绩永远落实到市场、品种和客户。每个战略市场都必须经历超常规的业绩增长，否则这个市场就不是我们的战略市场；每个主推产品都必须经历超常规的业绩增长，否则这个产品就不是我们的主推产品；每个优质客户都必须经历超常规的业绩增长，否则这个客户就不是我们的优质客户；你相信某个市场的业绩可以对比去年增长 1 000％吗？你相信某个品种一年销售量就增长 1 000％吗？你相信一个客户的销售额可以一年增长 1 000％吗？不管你相信与否，这就是真实的营销。如果离开了战略市场，主推产品和优质客户的超常规增长，营销这个职业的魅力和价值何在？

作为一个职业营销选手，你必须清醒地知道：客情关系的维护，不是一直前进的，有时候必须有意地疏远。原因非常简单，因为客户与客户之间也是有竞争的，只有业余营销选手才会忽视客户与客户之间的竞争，盲目地增进与每个客户的关系。有一次一位区域经理带我们走访终端，一条街上有两个他的客户，而且两个客户的门店是门对门。但他只带我们走访了一个客户，我们问他为什么不去随便拜访一下对门的客户？他说：这个客户今年开始主推别的竞争厂家的产品，我们的销量下降很多，我是故意不去拜访他，而且每次来都让他看到我拜访了对面的客户就走。我们不解地问：这样做不就把客情关系弄僵了吗？就算业绩下滑，起码的礼貌应该还是有的吧！这位区域经理笑着说：客户不会在乎我们有没有礼貌，更不会在乎我们跟他关系有多少，他真正在乎的是，我们是不是对他的竞争对手比对他更好！每天面对市场竞争的职业营销选手，绝对不会在维护客情关系的时候忘记，客户与客户之间其实也是竞争关系！

所有职业营销选手都知道，真正的客情关系维护，除了收放自如，还必须自下而上，因为所有的客户不仅仅只有竞争对手，每个客户其实都还有客户，这就是客情关系的秩序。这其实就像你追求一个女孩子一样，你拼命地缠着她不一定有用，但你与别的女孩子吃顿饭或者获得她最在乎的人的认可，一定会收到奇效。所有职业营销选手在面对客情关系的时候，都会保持清醒的商业头脑。我自己就是做营销出身的，而且是从最基本的终端拜访开始的，当年我非常勤奋地拜访和维护终端，很少与代理商做正式的沟通，但与代理商的关系出奇地好，不但邀请我参加重要的家宴，还送我生日礼物，当我过年回家的时候，居然还有礼物和红包。当年我也曾认为我们真的很投缘，现在我终于明白了，我与代理商客情关系好的真正原因，是我对终端，也就是他的客户，比他还熟悉。每天面对客户的职业营销选手，绝对不会在维护客情关系的时候忘记，每个客户实际上都有他们自己的客户！

营销绝对不可能一步登天，也不是守株待兔，更不是掩耳盗铃，不能南辕北辙，也不能亡羊补牢，更不能拔苗助长，营销是循序渐进的，业余营销选手循的是市场业绩的序，进的是客情关系。职业营销选手恰恰相反，职业营销选手循的是客情关系的序，进的是市场业绩。

第十四天：真凭实据

　　今天是职业营销选手训练的第十四天，先讲个小笑话放松一下。小张和小王是一对非常恩爱的夫妻，像这个世界上的大多数夫妻一样，两个人在性格上有很大差异，小张像大多数男人一样很喜欢帮助人，但小王像大多数女同志一样，对钱看得很重。一天小王刚洗完澡披着浴巾在看电视，小张在浴室里洗澡，突然有人敲门，小王在门镜里一看，是邻居小李，于是打开了门，小李看着小王，犹豫了一下说："如果你把浴巾脱下来，这700元就是你的了。"小王很惊讶，一不小心，浴巾真的掉在了地上，小李二话没说，放下700元钱就走了。小王拿着700元钱心潮起伏之际，小张在浴室里喊到："是谁来了？"小王犹豫了一下说："是小李。"小张兴奋地说："好，他把欠我的700元钱交给你了吧！"

　　真相往往是我们意想不到的，当我们知道某些真相的时候，往往令我们非常尴尬。我们必须认真思考的问题，不是某件事情的真相，而是这个世界真的有真相吗？这个世界上关于路的真相是这样的：世界上本没有路，只不过因为走的人多了，也就成了路。真相自己本身，又何尝不是如此？我们的产品是质量最好的，价格最便宜的，我们的产品就能够销售得最好吗？答案是：不一定！那么什么样的产品或者服务能够在市场上销售得最好呢？答案是：只有那些消费者认为是最好的产品或者服务，才能够获得最好的市场业绩。这难道就是市场的真相吗？消费者认为我们是最好的，永远比我们实际上是最好的更重要。业余营销选手总是认为每件事情都一定有一个固定的真相，但职业营销选手知道，这个世界上其实没有真相，人们相信什么，什么就是真相！

　　产品和服务能够获得市场业绩的关键，是怎样让客户相信我们就是最好的。真相的真相，其实就这么简单。这个简单的真相到底告诉了我们什么呢？你仔细想一想就知道了，所谓的真相，其实什么都没说，没有任何的实际价值。所有营销人员都不会这样去对客户说：尊敬的客户你好，我们的产品是第二流的；我们的品牌是第三流的；我们的服务是第四流的；我们的人员是不入流的；我们真诚地希望你成为我们第一流的客户！所有营销选手都会想尽办法让客户相信自己的产品、品牌、服务、人员就是最好的。路是人们用脚印和车轮或者钢筋水泥留下来的真凭实据，所以人们相信路的存在。职业营销选手与业余营销选手的区别在于，业余营销选手认为，只要客户相信了我这个人，客户就会相信我说的一切；职业营销选手清楚地知道，要获得客户的信任，就必须提供真凭实据。

　　社会的进步和改变，绝对不会征求我们任何人的意见。我记得小时候看电影，好人和坏人一眼就看出来了，根本就不用问任何人。浓眉大眼，义正词严，大义凛然的，一定是我们的军队；那些戴着头盔，刺刀上挑着两只鸡的肯定是鬼子；戴着瓜皮帽，穿着绸子衫，系着宽腰带，骑辆自行车的，不用问，肯定是汉奸。现在的电影和电视剧确实很有深度，有时候从头看到尾，都分不清楚谁是好人，谁是坏人。我们这个社会确实很复杂，好人也干坏事，坏人也做好事，有些人你说他是坏人，他跟你急！还有些人，你跟他说，你是个好人，他也跟你急，还大声地跟你吼：你才缺心眼呢！人的好坏是分不清楚了，事的好坏还是必须分的。业余营销选手做的所有事情，总是努力让别人相信：他是一个好人！职业营销选手做所有的事情，都只让人们相信，我们在做的这件事，是一件好事。

　　怎么样判断一个人做了坏事呢？全世界的法律都只有一个原则，必须提供真凭实据。也就是我们所说的证据。什么是证据？按照法律规定，证明案件真实情况的一切事实，都是证据。证据必须经过查证属实，才能作为判案的根据。按照法律规定，证据有七种：（一）物证、书证；（二）证人证言；（三）被害人陈述；（四）犯罪嫌疑人、被告人供述和辩解；（五）鉴定结论；（六）勘验、检查笔录；（七）视听资料。在中国的刑事诉讼中，判断证据，认定案件事实，必须遵循重证据、不轻信口供的原则。

职业营销选手怎样让客户相信自己的产品、品牌、服务、人员就是最好的，我们正在为市场和消费者做一件大好事呢？一样必须提供真凭实据。证据也有七种。

（一）物证、书证：职业营销选手从来不会随意地为客户提供这些证据，产品样品其实是最好的物证，职业营销选手总是把样品包装得很精美，很珍重地展示给客户，因为他们知道，如果一个营销人员不尊重和重视自己的产品，把自己的产品随意地丢给客户，别人根本没有理由尊重和重视你的产品。书证是纸面的荣誉，业余营销选手经常会随意地说，你有时间到我们公司网站看一下就知道了。职业营销选手会把书证制作成精美的版面，郑重地提供给客户，并且详细地讲解。我们有很多企业都有一个荣誉博览室，但只有那些拥有职业营销选手的企业，才会真正把这些荣誉郑重地复制到客户的公司，甚至零售的终端。再好的证据都必须提交法庭才有用，对于营销来讲，市场就是我们必须提交证据的法庭。

（二）证人证言：简单讲就是第三方的评价，对于营销来讲，就是除了消费我们产品和销售我们产品以外的人的评价。比如某个专家或者权威机构的评价，都属于这方面的范畴。

（三）消费者案例：这个比较简单，就是使用我们产品的人的评价。职业营销选手都知道，营销人员自己说 100 句好，比不上消费者说一句好。消费者说一句不好，营销人员的 1 000 句好话都白说了。

（四）推广者案例：这个其实也不难理解，就是代理我们品牌的客户与我们的销售人员的真实经历。通过推广我们的产品，实现了哪些客户的发家致富梦，成就了哪些销售人员的精彩人生。

（五）鉴定结论：营销人员实际上都非常关心自己产品的检验和抽样检查结果。保证我们推广的产品质量是合格的，是所有营销人员都必须争取的最起码的信任。职业营销选手不但会关心自己产品的检测和鉴定结果，而且还会同时关注竞争对手的产品的检测和鉴定结果，职业营销者从来不说竞争对手的坏话，但如果竞争对手的产品检测不合格，职业营销选手绝对不会保守这个秘密。职业营销选手一旦遇到自己的产品被抽样检测，一定会第一时间跟踪结果，不仅仅是为了获得第一手有利的证据，更是为了在第一时间消除不利的证据。

（六）市场调研数据：某知名快速消费品企业，公布了这样的调查数据：男顾客在进入零售终端选购商品时，51％的人先迈左腿。这样的数据真的有用吗？所有职业营销选手都清楚地知道，实地调研获取的第一手数据代表了什么，其真正的意义并不在于数据本身，而是客户获得的感受：他们比我更了解市场。

（七）视听资料：口碑对于任何产品和品牌都很重要，但口碑真的是口口相传来的吗？职业营销选手从来不会空洞地仅靠自己的声音去获取信任，口说无凭，职业营销选手强调的是视听资料，坚持先"看到"真凭实据再"听到"解释推荐。在真正的事实面前，其实解释和说明都是多余的，职业营销选手的真凭实据的素质，体现在两点：第一所有要对客户阐述的事实，都必须首先有凭可证、有据可查，绝对不会做出"相信我没错"这种业余的营销表现；第二所有的证据，都必须落实为可视的资料，然后尽量让人们"有目共睹"。在职业营销领域，只有那些有凭可证，有据可查，有目共睹的证据，才能算做真凭实据。至于是否能够做到"有口皆碑"，那是业余营销选手的幻想，职业营销选手的基本素质里，没有这一项。

第十五天：人以群分

物以类聚，人以群分，这是中国人都知道的人情世故。《增广贤文》中的："近水知鱼性，近山识鸟音。酒逢知己饮，诗向会人吟。"说的其实就是这个意思。现代成功学的解释更直接：你周围的朋友是什么样的人，你就是什么样的人。人以群分这个人情世故，无论一个营销人员是否认可，都是一个无法逃避的现实。今天是职业营销选手训练的第十五天，我们不是讨论人到底是不是以群而分的，也不是研究人是怎样以群而分的，我们训练的内容是：职业营销选手必须具备的人以群分的职业素质。

业余营销选手也非常认可"物以类聚，人以群分"这个人情世故，但他们融入这个人情世故的方式，就如同一个没有成功的人学习怎样成功一样，他们总是试图变得与别人一样。没有成功的人怎样学习成功学呢？按照成功学的教义，就是必须养成与成功的人一样的习惯。业余营销选手其实都是这样做的，碰到一个客户喜欢喝酒，自己就陪他喝两杯；碰到一个客户喜欢下棋，自己就跟他杀上两盘。最有意思的是，我碰到很多营销人员，他们自己是不吸烟的，但他们随身都带着烟。为什么呢？因为他的客户吸烟。有一位自认为非常成功的营销人员是这样说的：真正地搞定客户，就是要与客户变成一类人，有喜欢江湖义气的，我就跟他拍肩膀称弟兄；有喜欢风花雪月的，我就跟他吟诗作对，这就是营销的基本功。

前一段时间，断断续续地看了一个关于打击毒品集团的连续剧，电视剧的名字忘了，但里面有一个情节，给我的印象特别深刻：所有参与贩毒的团伙成员，内部有一个严格的规矩，自己的组织成员，不容许吸毒，一旦发现，决不姑息！对于职业营销人员来讲，人以群分的意思，是我们具备把别人变成跟我们一样的人的素质，而不是我们拥有，可以把自己变成跟很多人一样的能力。这就是职业营销选手与业余营销选手在"人以群分"这个人情世故上面，最基本的素质差异。对于营销人员来讲，有喜欢江湖义气的，我就跟他拍肩膀称弟兄；有喜欢风花雪月的，我就跟他吟诗作对，这其实不是一种能力，而是一种毒品，一种业余营销选手一接触就离不开，但职业营销选手从来都不碰的东西。

职业营销选手一定是具备十一种基本职业素质的人，我们在第十一天已经训练过了，这十一种基本素质是：吃的素质，喝的素质，穿的素质，住的素质，行的素质，玩的素质，健康的素质，教育的素质，理财的素质，风水的素质，科技的素质。职业营销选手这些基本素质的用途，不是业余营销选手认为的取悦客户，变成与他们一样的人。恰恰相反，职业营销选手这些基本素质的用途，是把客户变成与我们一样的人，这才是职业营销选手"人以群分"的基本素质。希望参加训练的朋友，不要认为这些是多余的，其实这非常关键，因为营销的职业与业余之间，其实一直只有那么一线之隔。

我们百年盛世曾经给这样一家企业做过咨询，这个企业那一年的销售额有 2 个亿，但客户只有两个，都是中字头的大型国有企业集团。基于这样的现实，他们营销中碰到的最头痛的问题，就是客户过于强大，他们的 200 多个营销人员，几乎都成为客户的代言人，一旦遇到一点市场问题，营销人员就同客户一起，向公司开炮，让公司提供解决方案。比如说，一旦遇到有质检部门抽查这个企业的产品，说产品的包装标志不规范，客户就要求立即整改，营销人员就十万火急地反馈给公司说：我们的产品出大问题了，客户很生气，必须立即整改。实际上，所有亲身处理过公共关系的营销人员都知道，标志问题到底是怎样性质的问题。结果与所有营销人员预料的一样，这家公司派出专家与质检部门沟通以后，其实就是某些文件文字解释上的问题，结果是虚惊一场。但问题就在于，这家公司基本上生活在虚惊的恐怖之中，客户只要说一个"不"，营销人员就反馈说：十万火急！

经过几轮常规咨询项目的基本程序，我终于有机会与这个企业的董事长，进行面对面的单独沟通。所有职业咨询营销顾问都知道，如果达不到这个程度，任何咨询项目都不能接，因为每个企业的董事长，对这个企业面临的问题，都一定有自己独到的见解，如果你不知道这些独到的深刻理解是什么，就去签署一个咨询项目，你一定会后悔的。听完这位董事长对企业面临的问题的独到见解之后，我终于给出了我们的咨询建议：把营销人员和客户变成与董事长一样的人。这很可笑吗？最起码我与那个企业的董事长，都没有认为这是一个可笑的解决方案。对于营销这个领域，很多复杂问题的解决方案，其实都非常简单。最令我们这些咨询顾问头痛的是，我们很多企业的董事长，都不相信一个简单的答案，可以解决如此复杂的营销问题，所以这些企业的营销，就越做越复杂。

这个咨询项目，由于涉及商业机密，我们不能透露太多。其实这也是职业营销顾问必须具备的素质，当客户问你，你在这个行业的成功案例是怎样做到的时候，如果你真的说了实话，那你就一定拿不到这个咨询项目，今天你为了争取一个项目泄露了别的企业的机密，明天你一定会为了争取下一个项目，泄露这个企业的机密。"来说是非者，必是是非人"，这其实也是一个最基本的人情世故。我们在这里只与大家分享那个项目中我们做的三件事，这三件事说出来，其实都非常简单，本身这三件事就不是那个项目的关键，但这三件事，其实就是职业营销选手必须具备的，怎样把客户变成与我们一样的人的最基本的素质。

第一件事，我们强化训练每个营销人员的培训能力。做法其实也非常简单，就是把这个企业的营销面对的所有问题，进行一个汇总，由我们公司的咨询师，把这些问题的解决方案，编制成一个手册，再由我们的培训师，针对这个手册的内容，设置一个一天的培训课程，制作成标准的课件，并且加入专业的培训技巧，对这个企业的所有营销人员进行培训。培训完以后，只有一个要求，所有营销人员下市场之前，必须完全模仿专业讲师的讲授过程，讲授一天的课程。能过关的就下市场，不能过关的就继续训练。我们的出发点非常简单，你放一个不能影响客户，只能接受客户影响的营销人员下市场，还不如让那个市场暂时没有营销人员。对于一个职业营销选手，把客户变成与我们一样的人的第一件事，就是必须能够专业地培训我们的客户。

第二件事，所有能够通过训练下市场的营销人员，必须把客户的营销人员，先轮训一遍。每一次培训，必须有培训录像传回公司，必须有与全体参训人员的合影传回公司，必须收集参训人员关于怎样培训我们的消费者的意见传回公司。公司把这些培训录像的精彩片段截取下来，放到网站和新的企业宣传片里面。把每次培训作为一个新闻报道，配上全体参训人员的合影，印制成专门的企业宣传彩报，在客户中传播。要求每个营销人员，根据客户的培训反馈意见，重新修订半天的针对消费者的培训课程，然后全公司展开课程演示竞赛，评出最好的课程，予以奖励。把最好的课程修订为标准课程，并且要求所有营销人员，必须能够把标准课程讲授过关，才能下市场。对于一个职业营销选手，把客户变成与我们一样的人的第二件事，就是必须跟客户一起讨论，怎样去培训我们共同的消费者。

第三件事，相信稍微有一点营销意识的人都猜到了，就是每个营销人员，必须拉着客户一起，去培训消费者。要求每次培训必须有与客户和参训消费者共同的合影，这些合影发布在公司网站和宣传单页上的标题是：某某客户举行消费者讲座。在有客户参与的培训中，我们的营销人员开始成为配角。消费者教育，是一件非常重要的事情，这件事情重要到什么程度呢？这件事情已经重要到，没有任何企业可以负担得起来的程度。我们的营销人员拉着客户一起去培训消费者的目的，不是去教育所有消费者，而是拉着客户与我们一起，在消费者面前讲同样的话。对于职业营销选手来讲，客户与我们单独在一起的时候，是否与我们是一类人并不重要，重要的是：在面对消费者的时候，面对别人的质疑的时候，他们必须与我们是一类人。真相其实就是这么简单，把客户变成与我们一样的人，最简单的方法就是让他面对众多的消费者的时候，讲我们想讲的话。对于一个职业营销选手，把客户变成与我们一样的人的第三件事，就是必须拉着客户与我们一起去教育消费者。

第十六天：争权夺利

　　争权夺利其实一直以来都含有贬义，因为争权夺利怎样解释，都跟中国的儒家文化有点格格不入。不过也很有意思，从来没有人明确指出，争权夺利到底有什么不好。今天是职业营销选手训练的第十六天，我们训练的内容，就是争权夺利这个人情世故。如果有人说，权力根本就代表不了什么，我就不喜欢权力，那一定是因为他没有权力；如果有人感慨，要那么多钱根本没有用，我就不喜欢财富，那一定是因为他还不是富翁。作为一个职业营销选手，不但时时刻刻都不能放弃争权夺利，而且必须善于争权夺利。

　　有一次我们一家约朋友一家三口来家里吃饭，我们两家的小孩同年，我们的是男孩，他们的是女孩，我儿子比他们的女儿大两个月。我们大人在聊天，两个小家伙在一起玩。小女孩抱起了一个大大的玩具熊，玩得很开心，儿子上去就要抢过来，两个人争执不下，我妻子赶紧说："儿子，快放手给妹妹玩，那个熊你平时碰都不碰它！"朋友的妻子也说："快把熊给哥哥，那是哥哥的！"朋友是音乐老师，属于很有教育素质的类型，朋友把手一摆："你们不用管，他们自己会解决的。"果然，接下来两个人你争我夺的几个来回以后，小女孩放弃了，去抱起了一个玩具狗，儿子也把玩具熊一丢，两个人又开始争狗，熊被扔在了一边，从始至终，两个小孩没有人再看那只熊一眼。我是终于看明白了，两个小家伙争的不是狗也不是熊，争的是一口气。当两个小家伙又在为一辆玩具汽车斗气的时候，朋友开口了："如果从现在开始，两个小朋友不再争东西，下午就一起去看电影，如果还有人争东西，两个都各自待在家里"。利益在这个时候终于战胜了斗气，两个小家伙不但不再争东西，还手拉着手做起了游戏。

很多业余营销选手，在争权夺利这个问题上，其实跟小孩游戏没什么区别，与客户争来争去，最后发现，原来只不过是在斗气，与客户为了某个利益点僵持不下，最后发现，面对真实的市场，两个人的利益原来是一致的，甚至是捆绑在一起的。争权夺利的关键，不是我们为什么去争权夺利，也不是我们怎样去争权夺利，关键在于我们争的到底是什么权，夺的到底是什么利！在争权夺利这个问题上，每个人几乎都有一种天分，就像两个小孩一碰到一起，最通用的沟通方式就是先争夺一番玩具一样。职业营销选手都非常清楚地知道，人类在争权夺利方面的能力，其实是无限的，但每个人的精力一定是有限的，在营销实战当中，职业营销选手争的是市场的主动权，夺的是与客户共有的市场利益！

主动权最简单的解释就是能按自己意图行事的权力。毛泽东在《抗日游击战争的战略问题》第四章中写道："一切战争的敌我双方，都力争在战场、战地、战区以至整个战争中的主动权。"在市场营销的战役中，主动权是必须争夺的战役关键点。营销战役中的主动权，最简单的解释就是牵着市场和客户的鼻子走，而不是被市场和客户牵着鼻子走。营销人员在市场上的生存空间，其实是非常有限的，所有的营销人员都只能在企业与客户之间的夹缝中生存。营销人员参与的市场战役，永远只有三个结果：第一个结果是站在企业的立场影响客户；第二个结果是站在客户的立场影响公司；既不能对外影响客户，也无法对内影响公司的营销人员，得到的第三个结果只能是被公司和客户淘汰。

特别温馨提示所有营销人员，我们上面说的是"影响"，是影响客户、影响公司，不是通常说的征服公司或者客户，更不是搞定公司或者客户。无论是职业营销选手还是业余营销选手，只要我们做营销，就必须清楚，营销不是征服而是影响。关于为什么营销不是征服而是影响，我在《营销其实很简单》一书中，已经有详细的论述。对于营销人员来讲，争夺市场主动权，首先是一个立场问题，在争夺市场主动权的营销战役当中，职业营销选手与业余营销选手的最明显的区别是，职业营销选手永远只要第一个结果：站在企业的立场去影响客户，从职业营销立场来讲，这是一个职业营销选手把握市场主动权的最基本素质。

对于职业营销选手来讲，控制营销战役的结果，把握市场的主动权，除了站稳自己的营销立场以外，还必须掌握两个最基本的市场主动权争夺定律：第一个定律是市场之上还有市场；第二个定律是客户之外还有客户。根据最新的液晶电视销售数据，2009 年国产彩电品牌市场份额与去年相比大幅飙升，整体销售量占有率已超过 60%，平板电视销量前五名中，国产品牌海信、创维、TCL、康佳占据四席，其中硬屏液晶电视已占到全部液晶产品销量的六成以上。这能说明国产品牌已经占据了硬屏液晶电视市场的主动权吗？实际上这个市场成绩的背后，是一个我们不能回避的现实，那就是上游面板供应商 LG-Display 公司的存在。创维、海尔、海信、康佳、长虹的硬屏液晶电视在商场里销售时，都必须在销售区明显位置标明，平板电视是采用了 LG-Display 公司的 IPS 硬屏。这就是每个职业营销选手必须在市场主动权争夺的战役中，必须知道的第一个关于市场主动权的基本定律：市场之上还有市场。

2008 年上半年，我们给一家农资企业做营销咨询，在市场策略研讨会上，大家就曾为市场主动权的问题争论不休。当时几乎所有的营销人员都认为，要占据农资市场的主动权，就必须迎合和引导农民的用肥习惯，理由非常简单，农民是农资产品的最终消费者，是消费者的购买方式，决定了我们的营销方式。这个理念看起来似乎无懈可击，但实际上已经违反了市场主动权的第二个基本定律。我当时提了这样一个问题："我们就拿肥料来讲吧，农民是我们的产品的最终消费者，那么农民购买到肥料以后会做什么呢?"其实这个问题的答案大家都知道,农民把肥料买回家,肯定不会自己冲水喝,也不会拌在大米饭里吃,他们要把肥料施用给种植的作物。如果我们做农资营销,整天围着农民转,不针对作物的需肥特性设置产品组合,甚至连当地的种植结构都不清楚就拟定营销方案,结果就是:市场的主动权可能会在任何地方,但肯定不在我们手里。这就是每个职业营销选手必须在市场主动权争夺的战役中,必须知道的第二个争夺市场主动权的基本定律:客户之外还有客户。

业余营销选手最头痛的问题,莫过于客户得寸进尺的利益要求。业余营销选手经常经历这样的尴尬,我们的企业给客户年终奖,客户就说:别的企业不但有年终奖,还有月奖和季度销售奖励;我们给客户季节性批量进货2%的优惠,客户会讲:别的企业不但有2%的价格优惠,还有预付货款计息和季节性运费补贴。业余营销选手还经常经历这样的郁闷,我们的企业给一个客户20万的信用基数,也就是说给他20万的铺底货,可以年底再付款,但年底之前的某个时间段,如果这个客户只拿了10万的铺底货,客户就拼命地要求公司发货,似乎他欠了公司10万元的货款不是事实,而公司欠他10万元的货才是事实。

职业营销选手从来不会遭遇这样的尴尬和郁闷,因为所有职业营销选手在处理市场利益这个问题上,都有两个法宝。第一个法宝叫"有了总比没有好",只有业余营销选手,才会把客户奖励、返利、优惠政策、欠款基数这些当做客户获得市场利益的必需品;职业营销选手把这些当做客户获得市场利益的奢侈品,没有是应该的,得到了只能算运气。所有职业营销选手都会始终提醒客户,所有从上游供应商那里获取的利益都是奢侈品,就是那些"有了总比没有好"的非必需品。第二个法宝更简单,叫做"市场经济从市场赚钱",职业营销选手总有办法让客户明白,计划经济的做法不再适应市场经济时代,从自己的合作者身上赚钱,是计划经济的产物，最后产生的是大家都熟悉的"三角债"。市场经济时代，所有的钱都一定是从市场上赚回来的真金白银，而不是 A 欠 B 的钱，B 欠 C 的钱，C 又欠 A 的钱的三角债。

合作与竞争是商界永恒的主题，只有业余营销选手才有精力去感叹：大丈夫不可一日无权，小丈夫不可一日无钱；只有业余营销选手才有精力去感慨：没有永远的朋友，也没有永远的敌人，只有永远的利益。职业营销选手一直在集中精力去争权夺利，职业营销选手在合作中争权，争的是市场的主动权，职业营销选手稳稳站住职业营销立场，牢牢把握市场之上还有市场，客户之外还有客户的规律。职业营销选手在竞争中夺利，利用"有了总比没有好""市场经济从市场赚钱"这两个法宝，与客户一起面对市场竞争，共同在市场中夺取利益。

第十七天：制造稀缺

今天是职业营销选手训练的第十七天，我们先来介绍一个英文短语："Made in china"。相信大家应该都不会陌生吧，就算你上学的时候，外语学的是英文以外的其他语言，你也知道这是"中国制造"的意思。我们听了太多各方面的专家，要把中国制造变成中国创造的呼吁，非常遗憾，这些热心人根本不懂营销。我们也见过太多营销人员面对竞争的红海，一筹莫展，有什么办法呢？这些业余营销选手，根本就不懂制造。

制造最简单的含义有两层：第一是把原材料加工成适用的产品；第二是造成某种气氛或局面。相信不用我讲，大家也看出一些眉目了。那些为中国成为制造业大国而杞人忧天的专家，他们只知道把原材料加工成适用的产品职能赚取加工费，他们不知道制造的第二层含义是造成某种气氛或局面。制造企业也是企业，制造企业除了制造产品以外，还能够制造某种气氛或局面，这就是企业的营销职能。中国制造陷入暂时困境的根本原因，不是因为选择了制造业本身是个错误，而是因为我们的企业还不会营销。营销本身就是企业的天职，这个问题我们在《企业营销再造》一书中已经探讨过了，中国企业营销职能之所以不能充分发挥，就是因为我们的业余营销选手太多，职业营销选手太少。

业余营销选手其实也知道去制造某种气氛或局面，但是他们不懂第一层含义，营销应该如何去制造气氛或局面，不懂得怎样把手中的市场资源加工成适合的营销产品。职业营销选手与业余营销选手，拥有的市场资源其实永远是一样的，职业足球选手踢球是 22 个人抢一个球，业余足球比赛也是 22 个人抢一个球，业余足球比赛与职业足球比赛一样，就算你站在门前，你不是守门员也不能用手抓球，只有把球射入对手的大门才能得分，把球踢入自己的大门就要给对手加分。职业营销选手在市场营销战役中，一直在制造一种产品，这种产品就是稀缺。制造稀缺是职业营销选手最基本的素质。

稀缺这个词汇，根本不用解释，每个客户和消费者都跟营销人员一样，知道为什么一枚小小的古币价值连城，理解为什么一幅名家字画能拍得天价。在职业营销选手训练中，我总是喜欢拿起一瓶矿泉水问大家：这是一瓶普通的矿泉水，我想要卖1元钱到哪里去卖？我想要卖5元钱到哪里去卖？我想要卖10元钱到哪里去卖？我想要卖50元钱到哪里去卖？当这瓶矿泉水能够卖到天价的时候，我们一定已经来到了水就代表生命的沙漠。稀缺，这就是稀缺在营销战役中的力量。所有营销人员都知道稀缺的力量，因为稀缺是创造价值最简单的方法。业余营销选手相信稀缺是天然的，是营销不能跨越的鸿沟，所以他们总是抱怨自己企业的资源有限，总是幻想人无我有的蓝海。对于职业营销选手来讲，所有的稀缺都是制造出来的，每个职业营销选手都在不断地制造稀缺，因为对于职业营销选手来讲，运用现有的资源去制造稀缺才是营销真正的价值。

业余营销选手总是抱怨自己手里的品牌资源不强，竞争对手是第一品牌，我们是二流品牌，别人的品牌一亮，消费者无论买过还是没买过都知道，我们的品牌一亮，消费者就说第一次接触；第一品牌代理商抢着做，二流品牌求着代理商做，代理商还挑三拣四，我们怎么跟人竞争？职业营销选手从来没有这种困惑和抱怨，品牌是消费者购买的一个理由，但不是消费者购买的唯一理由，消费者需要品牌，但他们更需要性价比。品牌是代理商选择制造商的一个理由，但也不是唯一理由，代理商需要第一品牌，但他们更需要利润。每一场营销战役的结果，决定因素不是品牌本身是第几流的，而是我们能否给消费者一个购买的理由，我们能否给代理商一个代理的理由。业余营销选手总是试图去找各种理由，职业营销选手在品牌营销方面，永远只给消费者一个理由：这个性价比是最适合你的！永远只给代理商一个理由：这是你在某个区域内独家代理的！职业营销选手一旦给出了这个理由，就会一直坚持下去，因为每个职业营销选手都知道，品牌本身就是一种稀缺资源，只要我们的品牌还能够存在，无论别人说它是第几流的，我们都已经制造了一种稀缺。

作为一个营销选手，无论你是职业的还是业余的，你都会面临类似这样的情况，你的企业一下子推出三个新品种，公司要求迅速打开市场，这时候你会怎样做？新品种进入一个区域市场，最简单的推广方式就是召开新产品招商会。这种会议，几乎所有的营销人员都不会陌生，这种会议，几乎日程的安排都是雷同的，唯一的区别就在于结果。业余营销选手会在会议上，详细地把新品种的卖点展示一番，也会事前就找几个典型客户谈好代理条件，让他们在会议上带头签订代理合同，但结果是几乎其他客户都不会现场签约。当业余营销选手会后跟踪回访客户时，客户的反应也很积极：你们介绍的三个新品种，我都挺感兴趣的。业余营销选手会说：那你准备代理哪一个！客户的回答也非常直接：这几天一直困扰我的问题就是，我到底选择哪一个好！

每个职业营销选手都知道，给客户太多选择的结果就是客户无法选择。职业营销选手同时推广三个新品种的时候，面对每个不同的客户只会重点推荐其中一个，绝对不会把三个都摆在客户面前，任其选择。如果遇到想多要一个新产品的客户，职业营销选手会委婉地拒绝，拒绝的理由也非常简单：这个新品是最适合你的，其他两个现在还只是试推广，没有进入批量生产，等这个新品推广开了，我会帮你申请其他的新品的代理权的。还有一些职业营销选手的做法更简单，拿到三个新品种，他们只推广其中一个，另外两个作为储备资源。业余营销选手认为只要把新产品的卖点都展示出来，客户自己就会选择的，所以业余营销选手总是绞尽脑汁去制造卖点。职业营销选手从来不会等待客户的选择，职业营销选手事先就会帮助客户做出选择，"这是目前唯一适合你的"就是最好的选择理由，所有职业营销选手在制造卖点之前，首先制造稀缺。

　　职业营销选手，不仅仅对品牌和产品资源制造稀缺，对政策资源更是如此。在每一次职业营销选手的实地训练中，我都会问营销人员这样的问题：这个月我们公司做促销活动，公司规定，买一件产品送一条毛巾，我买一件送两条行不行？大多数营销人员都认为绝对不行，我们必须对客户公平，既然公司规定买一件产品送一条毛巾，那就是一种对客户的承诺，既然承诺了，就不能违反。关于营销政策的制定问题，我们在《营销其实很简单》一书中已经讨论过了，营销政策必须遵循的原则是：有特殊才有政策。营销人常说：我们花 100 元去做促销，知道其中有 50 元是浪费的，只是不知道浪费掉的是哪 50 元。实际上，所有营销政策中浪费掉的钱，根源都在于我们没有找到特殊在哪里，就制定了政策。结果就是：当营销政策变成对所有客户的一种通用承诺的时候，我们浪费掉一部分资源就成为必然。对于职业营销选手来讲，找不到市场和客户的特殊在哪里，即使公司有了优惠政策，也不会盲目地使用。对于一个职业营销选手，政策规定买一件产品送一条毛巾，不但可以买一件送两条，而且可以买一件送三条，甚至更多的是买三件送一条。职业营销选手，从来不会把任何政策执行成一种必须兑现的承诺，所有政策到了职业营销选手手中，都会被制造成一种稀缺的针对特殊市场和客户才使用的资源。

　　业余营销选手面对市场和客户的时候，都是非常慷慨的，他们喜欢把自己手里的资源倾囊而出。职业营销选手面对市场和客户的时候，显得有些吝啬，他们总是厚积薄发地制造稀缺。在制造稀缺这个问题上，我建议所有营销人员都应该先重新审视一下自己产品的包装，凡是那些想把产品所有的卖点都体现在包装上的设计，都是业余营销选手做出的。职业营销选手设计出来的包装，除了醒目以外就是简洁，一个包装上要突出表达的元素不会超过 3 个。产品的包装就好像是营销人员对客户的自我介绍，只有业余营销选手才会一见面去这样介绍自己：你好，我是 AA，我是 BB 公司的 CC，我是清华大学毕业的，是哈佛的 MBA，我爸爸是 D 市的市长，我哥哥是 E 公司的总裁。可笑吗？那些试图把自己所有的卖点都放在包装上的业余营销选手，其实就是这样干的。职业营销选手就算有 100 条值得炫耀的资源，自我介绍的时候最多也就说出 3 条，因为对于职业营销选手来讲，稀缺永远是制造出来的。如果你参加一些企业的营销会议，公司公布买一件产品送一条毛巾，有些营销人员说"我们这个区域不需要毛巾、我们需要水杯"，还有些营销人员说"我们这个区域暂时不需要促销也能完成目标"，这些人不是另类人群也不是傻瓜一族，他们全部都是职业营销选手。对于真正融入了人情世故的职业营销选手，不断地制造稀缺已经成为一种习惯。

第十八天：举一反三

有一天，"至圣先师"孔子对他的学生说："举一隅，不以三隅反，则不复也。"意思是说，我举出一个墙角，你们应该要能灵活地推想到另外三个墙角，如果不能的话，我也不会再教你们了。这个故事后来被人们浓缩成了一句成语"举一反三"。今天是职业营销选手训练的第十八天，我们训练的内容就是举一反三。我们先来看一段网络笑话：

游侠说："人们叫我浪人，好听！"

武士说："人们叫我武人，也好听！"

高手说："人们叫我高人，也很好听！"

剑客说："你们聊，我先走了！"

师范学院的学生说："我是'师院'的。"

职业学院的学生说："我是'职院'的。"

空中学院的学生说："我是'空院'的。"

技术学院的学生说："你们聊，我先走了！"

你认为这是举一反三吗？为了引导出一个令人捧腹的结果，我们要先做三个铺垫，实际上这只能算举三反一。现在的营销人员内部，流行一个术语，叫做"挖坑"。如果你不知道挖坑是什么意思，我也只能学一下孔圣人了，这训练你就不用参加了，参加职业营销选手训练，起码你也应该是一个营销选手。挖坑的意思我就不多解释了，基本上现在的营销人员是这样说的：这个客户很难缠，没关系，我来给他挖个坑，让他自己跳进去，再自己把自己埋上！这些人的理论基础也非常有趣：让一个人成为伟人是很难的，但让一个人犯点错误太容易了。厉害吗？其实这就是我们前面讲过的，业余营销选手通常表面上看起来，比职业营销选手还职业。业余营销选手为了给别人挖坑，基本上都是在做举三反一的事情，但职业营销选手，就算是挖坑，也一定坚持举一反三。特别温馨地提示大家，职业营销选手坚持的举一反三，跟你原来对举一反三的理解截然不同！

2007 年我们为一家家具企业做营销咨询，我们要求对实际操盘市场的区域经理进行深度访谈，于是企业召回 10 位一线区域经理进行访谈。其中一位姓藤的区域经理的实战案例，给我留下了非常深刻的印象。这位藤经理的业绩是全公司最好的，按照常规分析，他的客户结构也应该是最合理的，但仔细查阅客户结构，我们却发现了一件非常有趣的事情：藤经理负责的区域市场原本只有 2 个客户，2005 年一年他开发了 6 个新客户，2006 年有 3 个客户解除了合作，2007 年又有 3 个客户解除了合作，现在他又只剩下了 2 个客户，而且就是最初的那两个客户，也就是说，他 2 年之内，把所有新开发的客户又全部都丢失了，但他区域的业绩增长，却每年都是全公司业绩增长率的第一名。这件事情令我非常纳闷，于是我单独对藤经理进行了访谈。

我的问题开门见山："一年之内开发 6 个新客户，说明你的客户开发能力很强，但 2 年之内这些客户都流失了，是否我们的客户维护系统出了问题呢？"藤经理的回答出人意料："那 6 个客户当初开发的时候，我就计划是要把他们砍掉的。"我更感兴趣了："开发了新客户，又有意识地把他们砍掉，这与你区域的业绩增长有关系吗？"藤经理笑了笑说："当年我接手这个市场的时候，原来的两个客户都主推我们的产品，后来其中一个 A 客户代理了一家我们主要竞争对手的产品，我与他交涉了几次，他表面应付，实际上还是在继续推广竞争对手的产品，另外一个 B 客户也看出了便宜，开始与其他的厂家接触，我一看就急了，看来不采取点实际行动是不行了，于是我一口气开发了 6 个新客户，而且都是与原来的

2个客户有市场重叠的，于是两个客户都急了，来找我质问，我的态度很鲜明，我要的是全公司业绩第一，不是客户数量第一，只要他们主推我们的产品，达到市场的业绩指标，所有的新客户我都可以砍掉。双方达成协议以后，B客户没有接其他竞争厂家的产品，我先砍掉了与他市场有冲突的三个新客户，A客户虽然也立即退出了竞争产品的代理，但为了惩罚和刺激他，我第二年才取消与他市场有冲突的三个新客户的代理权。赵总，我说话比较直，你别不爱听，我们实际去操作一个市场，要的不是客户的多少，而是客户的网络能否达到有效的市场占有率，如果2个客户就能达到有效的市场占有，再多一个客户都是多余的，我之所以一下子开发6个客户，其实就是为了保住原来的两个客户。"

我马上表态："我怎么会不爱听，这是我最喜欢听的，但如果是为了保住原来的客户，开发1~2个新客户刺激一下就行了，为什么要一下子开发6个这么多呢?"藤经理笑了笑说："这里面的原因有三个，第一原因是这两个客户的实力都比较大，新客户的实力根本没办法跟他们比，如果我只开发1~2个新客户，他们根本不会在乎，所以要多开发几个新客户，才能显示我的决心，才能触动他们。第二个原因是要告诉他们，合作是双方的事情，他能代理一个竞争产品，我就能开发6个新客户，他敢乱来，我就比他更敢乱来，让他不敢再乱来。第三个原因是刚好那几个月，公司有开发新客户的奖励，当时我实在是找不到了，否则既能刺激他们，又能拿新客户开发奖励，我是多多益善的!"接着，我们两个都笑起来了!我们当天聊了4个多小时，现在他已经是那家企业的营销总监。我们现在通电话的时候，他还是习惯重复那句话："赵总，我说话比较直，你别不爱听!"

这种话我怎么会不爱听呢? 相信大家也都是喜欢听的，因为这就是职业营销选手的自白。正像藤总监描述的那样，职业营销选手开发6个新客户的目的，是保住两个老客户，职业营销选手"反三"是假的，职业营销选手要的是"举一"。这就是我前面说的，职业营销选手坚持的举一反三，跟你原来对举一反三的理解截然不同！作为一个职业营销选手，要想在每个营销战役中控制结果，必须具备举一反三的基本素质。很多营销人员，都问过我同样的问题：在接手一个新市场的时候，我到底应该做什么？在这里，我可以明确地告诉所有的营销人员，无论是新市场还是成熟市场，作为一个职业营销选手，你必须能够举起三个"一"。

第一个"一"是举起一个拳头产品：拳头产品最简单的解释就是销量最大的产品。职业营销选手无论操作任何市场，都会集中所有资源来举起一个拳头产品。拳头不是利润最大的，也不是价格最低的，拳头产品因为有销量的支撑，能起到招揽人气的效果。只有业余营销选手才认为，拳头产品是能够给代理商最大利润的产品，职业营销选手眼中的拳头产品，就是那些代理商都不愿意代理但必须代理的产品，因为拳头产品利润虽然不高，但能够带来人气，可以带动那些高利润产品的销售。无论你接手的是多么糟糕的市场，你一定可以找到一个目前销量最大的产品，只有业余营销选手才会在没有一个拳头产品的时候，把精力分散到其他产品身上，职业营销选手的精力，一直集中于把销量最大的产品培育成能够招揽人气的拳头产品，而且一定要把这个拳头越做越大。

第二个"一"是举起一个标杆客户：正像藤经理说得一样，我们实际去操作一个市场，要的不是客户的多少，而是客户的网络能否达到有效的市场占有率。无论你拥有多少客户，你必须首先拥有一个标杆客户，标杆客户最简单的解释就是因为忠诚而收益最多的客户。我们做个简单的分析，如果我们有两个客户，A 客户一年有 1 000 万元销售额，但我们的产品只占 10 万元；B 客户一年只有 100 万元的销售额，但我们的产品占 90 万元；你说哪个才是我们的标杆客户？只有业余营销选手才会说

"我们只跟最有钱的客户做生意"这种无聊的废话，职业营销选手无论操作哪一个市场，都会集中资源举起一个因为忠诚而收益最多的标杆客户，而且一定把这个标杆越举越高。

第三个"一"是举起一个样板市场：关于样板市场的问题，我们在《营销其实很简单》一书中已经讨论过，营销其实不是跑马圈地而是占山为王。你是泰山之王，还是华山之王，甚至就是你们家门前的无名山之王，这其实都不重要，关键是你作为一个占山的人，必须有一个属于自己的山头。只有业余营销选手才会把自己管辖的市场看做自己的领地，先跑马圈地地走上一圈，把每个客户都拜访一遍，然后考虑怎样把有限的资源分配到每个角落。职业营销选手从来不会做这样复杂的事情，职业营销选手的思路非常简单，如果职业营销选手解手了一个省级市场，首先考虑的是我在哪个市、哪个县、哪个乡镇建立自己的样板市场。样板市场最简单的解释就是市场占有率第一的市场。只有业余营销选手才会遭遇这样的尴尬：

"你们的市场范围有多大？""我们的市场范围很大，除了青海和西藏我们都有销售！""那你们在哪个省的市场占有率第一？""我们没有！""那你们在哪个市的市场占有率第一？""我们没有！""那你们在哪个县的市场占有率第一？""还是没有！""那你们在哪个乡镇的市场占有率第一？""这很重要吗？"

"这很重要吗？"是的！这对于每个营销人员都非常重要。如果说营销人员没有一个样板市场是一种尴尬的话，那么一个营销人员，既没有拳头产品，又没有标杆客户，更没有样板市场，仍然在操盘一个市场的时候，就是一种灾难，这不是某个人或者某个企业的灾难，而是整个营销的灾难。一个企业最大的灾难，就是一群不懂管理的人操盘企业；一个市场最大的灾难，就是一群不懂营销的人操盘市场。今天是职业营销选手训练的第十八天，希望每位营销选手都不断地提醒自己：举起一个拳头产品，举起一个标杆客户，举起一个样板市场，根本不是什么高不可攀的事情，这是每个职业营销选手必须具备的基本素质。

第三章

系统控制能力

你知道在我们这个世界上有多少种能力吗？据说这个世界上只有一个人知道答案，他的名字叫能力天神。能力天神是这样分析能力的：思维是一种能力，行为也是一种能力，语言更是一种能力，这个世界有多少种思维，多少种行为，多少种语言，就有多少种能力。能力天神把全世界所有的能力，都放到了一个能力盒子里面。传说有一次能力天神大发慈悲，所有人都可以排队在能力盒子里抓取一种天赋的能力，于是人们蜂拥而至，排起了长队。第一个人抓走了军事能力，他成为军事家；第二个人抓走了科研能力，他成为科学家；第三个人抓走了经营能力，他成为企业家；第四个人抓走了政治能力，他成为政治家……当最后一个人站在能力天神面前的时候，能力天神用力地摇了摇盒子，那个人笑着问：没有了？能力天神笑了笑说：没有了！最后一个人叹了口气：我就知道，好运不会这么轻易降临到我头上的，不能靠运气，又没有天赋的能力，我能干什么呢？能力天神把盒子往那个人手里一塞，笑着说：你只能去做营销了，不过别忘了盒子下面的话。那人把空空的能力盒子翻过来，盒子下面只有六个字：做营销靠自己！

　　从此以后，营销就成为一个不需要任何天赋的职业。无论你运气如何，无论你是男是女，无论你性格怎样，无论你年龄大小，无论你学历高低，无论你经验多少，营销的大门永远对你敞开。一旦进入了营销这一行，所有营销人员就只能靠自己，所有的营销能力都要自己在训练中获得。每个营销人员的成长，基本都会经历六个能力阶段：自我约束阶段；自我管理阶段；自我激励阶段；自我训练阶段；自我总结阶段；自成一家阶段。

每个人进入营销大门的时候，手里都只有一种东西，空空的能力盒子。能力盒子被别人拿空了，但别人得到的东西，并不是我们失去的。所有营销人员能够像能力盒子里装的第一件东西一样，就是对自己的约束。市场蕴藏着无限的可能，但每个营销人员的时间、空间和精力都是有限的。营销人员必须首先训练约束自己，约束自己的思维以市场为导向，约束自己的行为以所代表的企业为立场，更重要的是学会约束自己的语言，多听，多问，少说，能不承诺就绝不承诺，一定要承诺，3 天能够做到的事情，一定承诺 5 天做到。

自我约束的下一个阶段，训练的是如何进行自我管理。温馨地提示大家，不是训练怎样去管理别人，而是管理自己。管理最简单的解释就是主持或负责某项任务，约束自己是被动的，每个营销人员都必须学会主动地管理自己。营销人员必须主动管理自己的心态和素质，管理自己的资源，管理自己的时间，管理自己的信息，最重要的是管理自己的精力。管理最简单的方法就是计划、组织、协调和控制，能够管理自己精力的营销人员，绝对不会把自己不喜欢的事情拖着不做，更不会把自己喜欢的事情做过了头。营销人员的精力管理，就是时刻保证，可以把精力投入到能够最有效地产生价值的市场，品牌，客户和产品上面。

自我管理的下一个阶段，训练的是如何进行自我激励。营销人员没有可以依赖的好运气，更没有天赋的能力，遭遇长时间的努力但得不到期望的回报，甚至遭遇接二连三的失败和挫折，都是无法回避的必然。营销人员的自我激励，绝对不是一句"可以成功，可以失败，但绝对不可以放弃"能够表述清楚的。营销人员的自我激励是一种自尊，做人就做最好的自己，无论我表现怎样，我一定能够做得更好；营销人员的自我激励是一种自信，无论别人怎样看待和评价我，我自己一定永远看重我自己；营销人员的自我激励更是一种自知，无论一个营销人员有多成功，无论别人怎样地恭维和奉承，营销人员都不会自恋到忘记自己有几斤几两的程度。

自我激励的下一个阶段，训练的是如何进行自我训练。对于营销人员来讲，活到老学到老，永远是一种不现实的理想状态。信息不是知识；知识不是文化；文化不是素质；素质不是能力；能力不是业绩；业绩不是价值；价值不是一切！这个世界上值得学习的东西浩瀚如海，营销人员不过是市场上的一叶扁舟，营销人员不需要成为海洋知识博士，但营销人员必须训练自己的航海能力。训练这个鬼东西到底是怎样的，我们在职业营销选手训练的第一天已经讲过了。业余营销选手很好学，他们跟客户学，跟市场学，跟上司学，跟下属学，跟书本学，跟专家学，学来学去，真正能运用到市场上的不过十之一二。职业营销选手把客户的案例，市场的规律，上司的教海，下属的错误，书本的理论，专家的观点，都当做一种环境，一种训练自己的环境。营销人员进入自我训练阶段以后，就明显地划分出职业营销选手和业余营销选手了，业余营销选手一直在学习别人，职业营销选手一直在训练自己。

自我训练的下一个阶段，训练的是如何进行自我总结。为什么富有的人越来越富有，贫穷的人越来越贫穷，最主要的原因是：富人经常总结他为什么会变得富有，贫穷的人只是想着怎样才能变得富有，没有时间和精力去总结自己为什么如此贫穷。一个没有时间和精力去总结自己的营销人员，即使不断地训练自己，结果只能成为最厉害的狗熊，虽然比所有狗熊掰过的玉米都多、都大，但走出玉米地的时候，手中仍然只有一个玉米。对于营销人员来讲，总结表面上是对过去的回顾、检查和分析，实际上是获得经验教训和规律性认识的唯一途径。业余营销选手基本都很难进入这个阶段，业余营销选手不习惯自我总结，总是希望别人帮他们总结，所以他们常说：读万卷书不如行千里路，行千里路不如高人指路！职业营销选手只相信：高人指路不如自己幡然一悟，这一悟其实就是自我总结。

自我总结的下一个阶段，训练的是如何自成一家。对于营销者来讲，每一次幡然一悟的总结，都可以获得一颗珍珠，但如果你不能把这些珍珠穿成一串项链，你永远都不能算作一个职业营销选手。世界上最简单的营销，就是拥有自己的营销模式，这个问题我们在《营销其实很简单》一书中，已经讨论过了，营销从来不是一门出世的学问，营销是一个入世的活动！

对于所有营销者，你欣赏别人的一套，你排斥别人的一套，其实这些都不重要，最重要的东西是：你必须有自己的一套！职业营销选手不会去幻想，别人都认同自己这一套，职业营销选手更不害怕，别人质疑甚至诋毁自己这一套，作为一个职业营销选手，不管怎样都必须自成一家，拥有自己原创的营销模式。

温馨地提示大家，如果你认为，只要接受了前十八天的训练，并按照自我约束，自我管理，自我激励，自我训练，自我总结，自成一家的路径走过来，就可以成为职业营销选手了，那你就又错了。条条大路通罗马，路径其实并不是什么秘密，拥有一张世界地图与周游世界完全是两回事。6个能力阶段的路径，几乎所有的营销人员都知道，为什么我们的职业营销选手还是寥寥无几呢？这其实就像你从家里去上班一样简单，路有很多条，你可以坐地铁，还可以坐公交车，也可以自己开车去，但无论你走哪条路，都必须经过很多门：自家的卧室门、防盗门、电梯门、电子门、小区门、车门（公车门、私家车门、地铁门）、办公大楼门、电梯门、办公室门。路径对于每个人都不是问题，问题是怎样开启阻在路上的每扇门。

从业余营销选手到职业营销选手，大家要走过的路并不长，但这条路上要经过的门却很多。你知道让一扇门为你而打开最简单的方法吗？有人说用万能钥匙，有人说把门撞开，还有人说找个窗户爬进去，实际上这些做法都还是过于复杂了。我们站在门外，最简单的开门方式就是去敲门。《圣经》上说，你敲门，门为你开！敲开自己的家门很简单，只要按一下门铃，说一句"是我"就 OK 了。职业营销选手，要在每个营销战役中控制结果，敲开每扇挡在营销道路上的市场之门，需要的不是某一项或者某几项营销能力，职业营销选手需要的是系统能力。营销不是孤立的，营销本身就是一个系统，脱离具体的市场，脱离具体的品牌或者产品，脱离具体的执行团队，所有的营销能力都无从发挥，所有的营销训练都是纸上谈兵。职业营销选手训练的第三部分，核心的内容就是系统控制能力的训练，温馨地提示大家，职业营销选手的能力体系，不是解决某个市场问题的能力，而是控制整个营销系统的能力。

第十九天：商务运作能力

今天是职业营销选手训练的第十九天，也是职业营销选手能力训练的第一天，我们的第一个任务是来认识一种人，商业社会的风云人物——商人！现代社会人们对商人的认识，一般有三种：第一种是无商不奸，商人是精明狡猾的；第二种是无商不富，给人做工只能维持生计，经商才能致富；第三种是"无商不艰"，商业是高风险的，做商人也不是一件容易的事情。

从商品到货币，是这个世界上最惊人的一跳，这最惊人的一跳，不会自动完成，是在商人的筹划与运作下完成的。"商人"是从"商族人"这个词演变而来的，4 000多年前，黄河流域居住着一个古老的部落，他们的首领叫契。契协助大禹治水有功，受封，封地为商（今河南商丘），他的部落便被称为商族，这位老先生就是商人的始祖。所以现在很多营销人员一看到河南人就说：你是总部来的！这样看来还是有一点历史根据的。商民善于经商，人们简称商族人为"商人"，于是后来所有经商的人都被称为"商人"。中国古代商人的商务运作精要是九个字：辨贵贱，调余缺，度远近。

我们在《简单营销系列丛书》中，已经不止一次地强调过：中国已经全面进入商业社会，我们的思维逻辑和行为方式，不能再套用农业社会的习惯模式了。所以职业营销选手的能力训练，是立足于商业社会的现实，而不是立足于农业社会的固有习惯，如果训练过程中，你感觉有很多东西与你原有的逻辑有冲突，我们温馨地提示你记住时代的本质：时代是宽容的，只要你不抛弃它，它就不会抛弃你；时代也是无情的，你跟不上它的步伐，它绝对不会停下来等你！你知道商业社会人们最关心哪三件事吗？第一件是关于财富的起源，人们最关心的是别人的第一桶金是怎么来的，自己怎样能够淘到第一桶金。第二件是关于财富的增长，别人的资本是怎样运作的，我怎样用我的钱来赚钱。第三件是关于财富的消亡，那些商业巨头是怎样倒下的？那些成功的商人是怎样在临死之前把钱都花完的？资本与功利确实是商业社会的舆论焦点，但资本与功利并不是商业社会的全部。商业不是冷漠地计较个人的得失，商业也不是不择手段的利益欺诈，商业社会更不是一群利令智昏的人上演的魔兽世界，商业社会与农业社会的最大区别是：商业社会有商业社会的游戏规则。

每一个职业营销选手，想要在商业社会证明职业营销的价值，都必须对商业社会的游戏规则有清醒并且深刻的认识。每个社会形态的游戏规则的核心，其实就是这个社会的价值观。价值观最简单的解释就是人们判断对错和选择取舍的标准。曾经有一家企业，因为觉得营销费用过高，想请我们做一个降低营销费用的项目，我没有接。而且我非常真诚地对这家企业的总裁说："少花钱，多办事！不花钱，也办事！是农业社会的价值观，已经完全不适应商业社会的营销了！"营销最大的悲哀，莫过于我们的企业总裁本身不是职业营销选手，我们企业主管营销的副总和总监也都是业余营销选手。低投入和低产出的小农意识是农业社会的典型特征，农业社会的人们由于生产力低下，产出受到时代的限制，提高劳动生产率的唯一方法，就是减少各种投入。所以农业社会的人们想尽一切办法减少一切开支，不愿意增加投入，力求用低投入来保障供应，"少花钱，多办事！不花钱，也办事"就是这种价值观的产物。

商业社会的价值观是一分钱一分货，你要讨价还价，换来的就是缺斤少两，你是聪明人，但别人也不是傻瓜。你千万不要指望，便宜的产品会给你带来顾客忠诚度，也千万不要做想要马儿跑又让马儿不吃草的春秋大梦。商业社会投入产出的控制点，不在投入而在产出，尤其是对于营销更是如此。商业社会的营销战争，没有投入绝对不会有产出，商业社会的营销指挥官，从来不会拒绝投入，只要这个投入可以带来相应的回报。"促销预算加大一倍行不行？""行，你的销售量增加多少？""给我增加10个业务代表好不好？""好！你的人均销售额增加多少？"商业社会的成本利润规则，不是成本最低而是成本最优，不是考虑怎样用最低的成本维持现状，而是考虑怎样用最优的成本满足客户不断变化的需求。商业社会的核心价值观是增值不是短期利益最大化，投入只能带来产出，投资才能带来增值。商业社会的企业营销，每一项支出都不是投入而是投资，我们研发商品是投资，我们建设品牌是投资，我们开拓市场是投资，我们开发渠道是投资，我们培训营销人员更是投资，商业社会是用投资拉动增值的，这就是每个职业营销选手必须牢牢把握的商业社会的游戏规则。

　　商业社会，职业营销选手必须具备的第一个能力，就是在商业社会游戏规则下营销的商务运作能力。曾经有一所名校的市场营销教材，把营销人员的商务能力概括为四个部分：商务表达能力，也就是沟通和演讲的能力；商务写作能力，也就是资料收集和方案写作的能力；商务协作能力，也就是业务和协调能力；商务分析能力，也就是分析和创新的能力。准确地讲，这些都不是职业营销选手的商务能力，而是职业营销选手助理的商务能力。公平地讲，我没有攻击学校营销教育体系的意图，学校教育是基础教育，传授的是知识而不是能力。客观地讲，所有的营销选手，不但在学校中没有接受过商务运作能力的训练，在社会上也没有接受过真正的商务运作能力训练。现在大家能接触到的商务运作能力训练，基本上就是商务谈判和商务礼仪方面的训练，这些其实也不是真正的商务运作能力。职业营销选手在商业社会营销，必须掌握的商务运作能力有两种。

第一种能力是组织运营能力：每当岁末年初的时候，你知道营销人员最关心的问题是什么吗？不是今年的业绩，业绩变成了统计数据营销人员就不能更改了；不是今年的年终奖，财务自然会按照制度准确核算；不是明年的销售目标，不是明年的工资方案，他们最关心的是明年公司的营销组织架构中，我被安排在哪里！你知道当一个企业年度的营销目标确定以后，接下来的第一件事情是做什么吗？是的，就是确定能够实现这个目标的营销组织架构。你知道当一个企业的产品组合，市场细分，客户结构，竞争策略发生变化的时候，最先变动的是什么吗？没错，还是营销组织架构。营销组织架构表面上是一种授权与分工，实际上是整个营销资源的总体配置与优化。职业营销选手的组织运营能力，体现在营销组织的规划能力与设计能力两个方面。

业余营销选手只关心自己在架构中的位置，不会关心架构是怎样规划的，他们认为规划营销组织架构再简单不过了，有一张世界地图就够了，要做国外市场吗？规划一个海外事业部就 OK 了！要做华南市场吗？规划一个华南大区不就 OK 了？山东省细分为两个部门吗？把山东地图对折一下，一个划为鲁南部，一个划为鲁北部，不就 OK 了吗？浙江要细分成三个区域？把浙江地图划成三等份，分别叫做浙江 A、浙江 B、浙江 C 不就 OK 了吗？对于职业营销选手来讲，营销组织的规划可没有这么简单，必须以产品与顾客的对接为规划依据：如果产品类别跨度大，顾客群分散，就要按产品类别规划，比如一个家电企业有空调事业部和彩电事业部以及小家电事业部，就是按照产品类别划分的；如果产品类别单一，但品牌类别跨度大，每个品牌对应的顾客群不同，那就要按品牌类别规划。现在很多企业，不但同一品种的商品拥有多个品牌，甚至还拥有多个厂家，实际上无论分品牌还是分厂家经营，这都属于按照品牌类别划分的范畴；就算产品单一，品牌也跨度不大，也不能上来就按地图的行政区域来规划营销组织架构，因为顾客的购买量和购买方式是有区别的，大客户部和直销部门的划分，是必须考虑的。考虑产品与客户的对接，并不完全排斥根据市场地域规划营销组织架构，比如有些企业看到大城市郊区市场的迅速成熟，设立郊区事业部，这也是按地域规划的，但这样规划与把浙江分为A、B、C的规划，就直接体现了职业与业余的差别。每个企业的现状和对市场的理解都不同，所以营销组织的规划也各有不同，职业营销选手一定会根据产品与顾客的变化，经常思考和变动营销组织的规划，那些一年甚至几年都没有变动营销组织规划的企业，一定是业余营销选手在操盘。

营销组织规划的下一步，就是营销组织的设计。这好比我们划好了棋盘，就一定要放上棋子，才能真正开始下棋一样。我们首先要放到规划里的要素，就是人。业余营销选手在设计营销组织的时候，一般把营销人员划分为四种，新进营销人员；原有营销人员；能力稍强的营销人员；能力较弱的营销人员。新人去做老市场，这样容易上手；原有营销人员去开拓新市场，这样容易成功；能力强的去差的市场，市场才有改观；能力弱的给他个成熟市场，只要维护好就行了！这些全都是业余营销选手，在设计营销组织时常犯的错误。职业营销选手在面对这个问题的时候，首先把市场区域按照贡献率和增长性分类，列出一类市场，二类市场和三类市场；再把现有的营销人员按照业绩和能力进行分类，分为A级，B级，C级三个级别；然后从一类市场开始确定人选，每个一类市场都按照对市场和营销人员的了解，列出三个最合适的人选，这是最关键的一步，首先每个市场最适合的三个人选，不同的市场是可以重复的，因为有很多营销人员适合几个市场；其次一个营销人员是否适合一个市场，关键是这个营销人员与市场的匹配程度，简单地讲，你不能派一个常年吃米饭的营销人员去只吃面食的地方，否则他工作还没开展起来，就因为胃病住院了。你更不能派一个不会说粤语的人去广东，否则他每次去拜访终端都像是"出国旅游"，听到的都是外语。这个环节考验的就是职业营销选手对市场和营销人员的了解，没有什么固定的公式可以套用。最后一步就是确定人选了，原则上，必须把最匹配的和最优秀的人放在最重要的市场。一类市场的最后人选，尽量选择三个候选人中级别靠前的；一类市场的人员确定后，再以此类推确定二类市场的人选；最后确定三类市场的人选。人员设计完成以后，就是资源的配置设计，每个类别的市场，资源配置的组合都是不同的，这一点我们在以后的训练中，还会进行重点的训练。职业营销选手的组织运营能力，包括营销组织规划和营销组织设计两大模块，营销组织规划的关键，是在营销实战中如何实现产品与市场的对接，营销组织设计的关键，是在营销实战中怎样完成人员和资源与市场的匹配，这两个关键都是职业营销选手必备的商务运作能力。

第二种能力是商流运营能力：商业最简单的解释是：以货币为媒介进行交换从而实现商品流通的经济活动。在商品流通的整个过程当中，最关键的要素就是商品所有权的转移。一件商品从制造商消耗成本把它制造出来，到消费者把它消费掉从中获取到价值，商品的所有权可以按照多种路径进行若干次的转移，我们把商品交付给代理商，代理商把商品的货款汇到我们账上，商品的所有权就是代理商的了；代理商把商品交付给零售终端，零售终端把货款付给代理商，商品的所有权就是零售终端的了；零售终端把商品卖给消费者，商品就归消费者所有了；这就是我们通常所说的商流。每个商业社会的职业营销选手，都必须具备商流的运营能力，这个能力包括商流的规划和商流的设计两个方面。

商流的规划其实就是商品分销模式的选择。一件商品从制造商消耗成本把它制造出来，到消费者把它消费掉从中获取到价值，我们可以选择的商流路径很多，而且随着市场的变化和科技的进步，我们的选择也会越来越多。以前你拿着我写的书，那就一定是在新华书店购买的，现在你拿着我写的书，我就无法确定你是在机场购买的还是在网上书店购买的了。作为一个职业营销选手，在进行商流规划、选择分销模式的时候，必须抓住商品所有权转移次数这个核心。从商品的所有权转移次数来划分，分销模式其实就只有三种，第一种是直接到消费者的分销，网络直销和上门推销就属于这个范畴。第二种是直接到零售终端的分销，进 KA 卖场和连锁终端，就属于这个范畴。第三种是通过代理商的多级分销。每种分销模式都有各自的特点，不是商品所有权转移次数越少，我们的收益就越大，周转就越快；也不是商品所有权转移的次数越多，我们的成本就越低，风险就越小。商流规划中分销模式的选择，是由我们商品的属性，市场的客户结构，企业的实力三者相互作用决定的。原则上单位价值高和产品线宽的商品，更适合消费者或者终端直销；顾客集中的成熟市场，更适合消费者或者终端直销；实力较强的企业，更适合消费者或者终端直销。每个职业营销选手必须清楚，商流规划中分销模式的选择，是一个多项选择题，而不是一个单项选择题。企业的不同发展阶段，不同类别的商品，在不同的市场选择怎样的分销模式，不仅是每个职业营销选手都必须关注的问题，更是每个职业营销选手必须具备的能力。

　　商流规划的下一步，就是商流的设计。这就像我们决定办一次超级女生大赛，我们规划出初赛、复赛、决赛的评选程序还不够，我们必须设定每个比赛阶段的评选标准。商流的设计其实就是评选标准的设计。我们拿商品所有权转移次数最多的多级分销来举例，首先作为一个职业营销选手，你必须设定一级代理商的选择标准，无论你所在的企业是否有这样的标准，无论现在的标准是怎样的，你都必须根据自己对产品和市场的判断，重新设定这个标准。因为随着商品所有权的转移，营销人员的话语权和主动权就越来越低，一级代理是必须把握的环节。其次你必须设定分销的层级，一般分销的层级越多，市场覆盖和辐射能力越强，但市场反应速度会变慢，管理成本和掌控难度增大。每个市场的不同发展阶段，职业营销选手都必须找到最适合的分销层次。最后是每个分销层级的数量和质量的选择，比较实用的做法是每个分销层级都设定质量标准和数量目标。我们就拿零售终端这个层次来说，无论商品是经过几级分销到达终端的，职业营销选手都会按照销量和忠诚度把终端分为三类，明确每类终端的数量目标。

职业营销选手的商务运作能力，没有严谨的公式和定律，也不是自由发挥的艺术，这是市场营销遭遇商业社会游戏规则的必然结果，商者无域，营销自然无边界。职业营销选手的商务运作能力，虽然只有组织运营能力和商流运营能力两个部分，但要真正具备这个能力，却需要在商品、顾客、市场、资源四个方面都具有良好的经营能力，这些都不是一朝一夕之功，需要在不断的实践中不断地训练，更需要与我们接下来的训练内容结合起来运用，才能真正运用自如。幸好职业营销选手训练进行到这里，大家不用我说都已经明白了，营销本来就是一种实践，而不是这个世界上的任何一本书。

第二十天：市场经营能力

天下之大，无奇不有，有人说："得产品者得天下！"有人说："得技术者得天下！"有人说："得服务者得天下！"有人说："得人才者得天下！"有人说："得品牌者得天下！"有人说："得资源者得天下！"有人说："得渠道者得天下！"有人说："得终端者得天下！"更有人说："得客户者才能得天下！"2009 年 10 月，史玉柱推出新款网络游戏《绿色征途》时又发新论："得非付费玩家者得天下！"上面所说的天下，指的就是市场。营销人对市场的真实感觉，实际上很难用语言描述，虽然也常有逐鹿天下的豪迈激情，但更多的还是"人在江湖，身不由己"的感慨！

何谓江湖？庄子说，相濡以沫，不如相忘于江湖！古龙说，人即是江湖，恩怨即是江湖，有人的地方就有江湖。视商业市场为现代江湖，是最典型的业余营销选手逻辑，他们认为营销只要人对了，一切就都对了！只要我有能力让客户认可我这个人，卖什么产品都可以，到哪个市场去卖都一样！进入一个市场，大方地一抱拳："兄弟初来贵宝地，望各位多多包涵关照！"离开一个市场，潇洒地一拱手："青山不改，绿水长流，后会有期！"业余营销选手要的就是这种"鲜衣怒马，笑傲江湖"的快感！职业营销选手不是胸怀天下的圣贤，他们知道做圣贤的代价是：为别人考虑的多，为自己考虑的少！职业营销选手也不是仗义江湖的大侠，他们清楚地知道：出来混，早晚是要还的！市场对于职业营销选手来讲，既不是群雄逐鹿的天下，也不是身不由己的江湖，市场是一种资源，是一种职业营销选手必须去经营的资源。

经营最简单的解释就是筹划和管理。市场广阔如天下，市场险恶如江湖，经营市场谈何容易？有人戏说哥伦布先生发现了新大陆以后，回到祖国就被国王邀请到皇宫参加庆祝宴会。国王和王后一直夸赞哥伦布，很多大臣都不以为然，甚至不服气。其中一个大臣说："不就是发现了一块新的陆地吗？这有什么了不起的，每个人只要驾船出海，一直向前走，看到陆地就上去插一面国旗，就 OK 了！"很多大臣都附和。哥伦布拿出一面镜子，拿来一个鸡蛋，对大臣们讲："请问哪一位可以把这个鸡蛋竖立在镜子上面？"所有的大臣，甚至国王都试过了，但镜子太光滑，就是立不住，这时哥伦布把鸡蛋的一头往镜子上一撞，鸡蛋破了，但却立在了镜子上面。职业营销选手面对市场的时候其实也是这样，纸上谈兵永远也讨论不出改变事实的结果，但只要我们在实践中迈出艰难的第一步，不仅仅会发现无限的可能，而且我们自身的实践能力也就随之而来了。

职业营销选手的市场经营能力，从字面上理解就是市场筹划与管理的能力。市场经营能力从营销实战角度上讲，是职业营销选手的商务运作能力的基础。我们在商务运作能力的训练中讲过，商者无域，营销自然无边界。职业营销选手的商务运作能力，不但要在营销实战中实现自身产品与具体市场的对接，而且要在营销实战中完成人员和资源与具体市场的匹配，需要职业营销选手在商品、顾客、市场、资源四个方面都具有良好的经营能力。没有市场的经营能力，职业营销选手的商务运作能力，只能是纸上谈兵。职业营销选手的市场经营能力，从本质上讲，其实永远只做一件事：实现市场细分与品种规划相结合！这就像如何把鸡蛋立在镜子上一样，答案不但简单而且人人都会做，关键在于你是否真正能每一次都做到。职业营销选手的市场经营能力，分为三个步骤，三个非常简单而且容易的步骤，关键在于职业营销选手面对所有的市场都会这样做，而且一直坚持这样去做。

经营市场的第一步，就是市场细分。市场细分其实也不是什么新鲜的营销概念，业余营销选手也会常常把市场细分挂在嘴边。我们今天训练的市场细分能力，是职业营销选手的实战能力，而不是高深的营销理论。从营销实战的角度，无论一个职业营销选手管辖多大的市场，都必须进行三度细分，三度细分唯一的原则是：实力第一，潜力第二。这与传统的市场细分理论截然不同，按照市场细分理论，实力与潜力是并重的，按照传统理论市场是分为四类的。

第一类是实力大潜力也大的市场；第二类是实力大但潜力弱的市场；第三类是实力小但潜力大的市场；第四类是我们的市场实力也小，市场本身潜力也小的市场。"实力第一，潜力第二"的意思是，职业营销选手细分市场的时候，永远是自身实力先说话，市场潜力后说话。对于营销实战来讲，市场潜力代表的是想得到，看得到，但还不属于自己的东西。无论多么权威的专家告诉职业营销选手，某个市场的潜力有多大，那也不过是他们想到的。无论多么杰出的领导告诉职业营销选手，某个市场的潜力有多大，那也不过是他们看到的竞争对手的表现。职业营销选手在细分自己操盘的市场的时候，根本不会受到专家想法或者领导看法的影响。

坚持"实力第一，潜力第二"的职业营销选手，是这样三度细分自己操盘市场的：首先把自己操盘的市场，细分成可操作的市场单元。如果你操盘全球市场，你可操作的市场单元就是国家；如果你操盘整个中国的市场，你可操作的市场单元就是大区（一般一个大区包括多个省份）；如果你操盘的是一个大区市场，你可操作的市场单元就是区域（一个区域一般包括多个城市）；如果你操盘的是一个区域市场，你可操作的市场单元就是市（县）市场；如果你操盘的是一个市（县）市场，你可操作的市场单元就是乡（镇）市场。这就是职业营销选手的第一度市场细分，细分的关键是把自己操盘的市场，细分到可以操作的单元。可操作的市场单元，指的是你管辖的市场范围内，可以单独核算营销业绩，单独分配营销资源的下一级市场。特别提示大家的是，可操作的市场单元指的是你所管辖的下一级市场，每个下一级的市场，其实还有更下一级的市场。每个职业营销选手经营市场的时候必须谨记：你的经营能力能够发挥的空间，就是你的下一级市场，至于你的下一级市场的下级市场，就是你的下级营销人员可操作的市场单元了。

接下来，职业营销选手会把自己可操作的市场单元，按照每个市场单元的自身实力进行排名。每个市场单元的自身实力，不是我们在某个市场单元的占有率，也不是我们在某个单元市场的销售量和销售额，而是这个单元市场对整个营销业绩的贡献率。比如我们的营销业绩是用销售额来衡量的，去年你管辖的市场一共有 100 万元的销售额，A 市场单元销售了 40 万元，B 市场单元销售了 30 万元，C 市场单元销售了 20 万元，DEF 等市场单元总共销售了 20 万元，我们的市场实力排名的前三名就是：A、B、C。这就是职业营销选手的第二度市场细分，细分的关键是依照每个市场的贡献率来排名。市场贡献率的衡量标准，每个企业都有不同，有的企业是按照销售额衡量的，有的企业是按照销售量来衡量的，还有的企业是按照利润来衡量的，更多的企业会用销售量、销售额、销售利润、市场占有率四个数据的加权平均来衡量某个市场的贡献率。虽然根据行业和企业的不同，衡量市场贡献率的标准也不同，但所有行业和企业的职业营销选手，都是按照市场的贡献率来进行市场二度细分的。

最后就是确定市场的分类了，这是最后一步，也是最关键的一步。拿上面的例子来讲，如果按照市场单元贡献率排名，A 市场是排在第一位的，职业营销选手毫不犹豫地把 A 市场作为自己的一类市场，也就是自己最主要的市场，这就是实力第一的原则。"实力第一，潜力第二"的意思，不是说只看实力不看潜力。"实力第一，潜力第二"的真正含义是，选择一类市场的时候，以实力为唯一标准，但选择二类市场的时候，就必须以市场潜力为主要标准了。选择二类市场的时候，职业营销选手会根据市场潜力把一类市场以外的其他市场，按照市场潜力重新排列，选出潜力最大的市场单元列为二类市场，这就是潜力第二的原则。其他的市场单元自然就是第三类市场了。对于职业营销选手来讲，一类市场就是根据地，无论营销战役怎样打，这个根据地都只能稳固不能丢失；二类市场就是战略要塞，保住根据地的前提下，花费多大代价都要拿下它，因为二类市场就是增长点；三类市场是辐射地带，要利用一类市场和二类市场的成功，不断地影响和渗透。这就是职业营销选手的第三度市场细分，细分的关键是，按照"实力第一，潜力第二"三度细分市场的同时，也为自身精力和资源的分配理清了思路。业余营销选手总是像救火队员一样在市场上奔走，职业营销选手却总是游刃有余，根本的原因就在这里。

经营市场的第二步，就是品种规划。按照传统的产品规划，产品是按照销量和利润分为四类的。第一类是销量大利润也大的产品，称为摇钱树；销量大但利润小的产品，称为明星；销量小但利润大的产品，称为金牛；销量小利润也小的产品，称为瘦狗。怎样去对待"摇钱树""明星""金牛""瘦狗"，相信就算大家不做营销，看看名称就都知道了。营销实战中，职业营销选手的产品规划与市场细分一样，与看似完美的理论截然不同。职业营销选手营销是为了吃饭，所以他们从来不会把企业所有的产品当做自己的资源，企业有100个品种，有50个可以成为自己操作的市场的产品资源，就已经难能可贵了。只有业余营销选手才会把企业所有的品种，都投放到自己管辖的市场，职业营销选手永远把纳入产品规划的产品投入市场，规划以外的产品绝对不会投放。

职业营销选手纳入规划的产品只有三种，第一种是拳头产品。拳头最基本的作用就是打人、吓人和保护自己，这就是拳头产品在市场上的威力。拳头产品的选择原则是，这种产品必须是本区域销量前三名的产品，而且必须是公司销量前三名的产品，如果你自己区域的销量前三名的产品，都不是公司排名前三名的产品，我只能遗憾地告诉你，你的市场还没有拳头产品。原因其实非常简单，所有职业营销选手都非常清楚地知道，企业的资源是有限的，一旦遇到价格波动或者供应紧张的时候，企业的资源一定会向销量最大的市场最成熟的产品倾斜，如果职业营销选手所管辖市场的拳头产品，本身不是企业的拳头产品，就等于自己的产品规划已经与企业资源脱节了。职业营销选手在产品规划环节，做的第一件事就是必须培育出拳头产品。第二种是主销产品，主销产品就是除了拳头产品以外，支撑本区域销量的那些产品。20％的品种支撑80％的销量，并不一定适合所有行业企业和具体市场的产品规划，但少量的品种支撑了大部分的销量，是一个不争的事实，主销产品就是这些少量的品种。第三种是主推产品，主推产品可能在本区域和公司销量都不大，但它们利润高而且代表未来的发展趋势，是市场良性增长和升级的关键产品，是推广的重点，所以称为主推产品。产品永远是市场经营的最基础资源，职业营销选手只有把品种资源规划为拳头、主销和主推三个类别，才能算真正具备了经营市场的基础能力。

经营市场的第三步，就是市场与品种的结合，这是职业营销选手市场经营能力最关键的环节。我们在第一步已经把市场细分了，这就等于我们已经画好了棋盘；我们在第二步又完成了品种的规划，这相当于我们已经拿到了自己的棋子，怎样把细分市场与规划内的品种结合在一起，才是真正的下棋。外部市场与自己拥有的产品资源的结合，对于职业营销选手来讲，是一盘永远也下不完的棋。你知道下好市场经营这盘棋最关键的是什么吗？不是天分，也不是兴趣，更不是对手，关键在于懂得下棋的游戏规则。市场经营这盘棋的关键规则，其实也并不复杂，只有一个：棋子到底应该放在哪里？

无论棋盘有多么大的空间，棋子都有规定的摆放位置，我到今天为止，还没有见过这样一种下棋的规则，就是谁先把棋盘所有的空间放满自己的棋子，才算赢棋。这听起来很可笑，但营销实战中，业余营销选手就是这样想的，也是这样干的。当我们把手中的产品随意地投放到市场上的时候，没有人有义务告诉我们已经违反了游戏规则，但后果一定由我们自己承担。职业营销选手在下市场经营这盘棋之前，会把每个类别的市场单元的客户，都分为三类，请记住，是把每个类别的市场单元的客户，都分为三类，而不是自己管辖的所有客户分为三类。这三类客户是按照实力和推广能力来细分的，实力强且推广能力也强的客户，配置的是拳头产品；实力强且推广能力弱的客户，配置的是主销产品；推广能力强而实力稍差的客户，配置的是主推产品。产品是职业营销选手的关键物质资源，客户更是不可再生的核心人力资源，只有这样的资源配置，才是真正的人尽其才，物尽其用，这就是职业营销选手的市场经营能力。

第二十一天：目标分解能力

今天是职业营销选手训练的第 21 天，我们不管三七二十一，先来问一个问题：目标到底是用来干什么的？这个问题大家肯定都有自己的答案，不过所有人都不用急于回答这个问题，我们先来看一个小故事：

一只新组装好的小钟放在了两只旧钟当中。两只旧钟"滴答""滴答"一分一秒地走着。其中一只旧钟对小钟说："来吧，你也该工作了。可是我有点担心，你走完 3 200 万次以后，恐怕便吃不消了。""天哪！3 200 万次。"小钟吃惊不已。"要我做这么大的事？办不到，办不到。"另一只旧钟说："别听他胡说八道。不用害怕，你只要每秒'滴答'摆一下就行了。""天下哪有这样简单的事情。"小钟将信将疑。"如果这样，我就试试吧。"小钟很轻松地每秒钟"滴答"摆一下，不知不觉中，一年过去了，它摆了 3 200 万次。

中国著名笑星赵本山在他的小品中有一句经典：我不关心我自己是怎样来的，但我关心我是怎样去的。这实际上也是职业营销选手与业余营销选手对待目标的最经典差异，业余营销选手总是非常关心，目标到底是怎样制定出来的，业余营销选手完不成营销目标的理由，90％以上都是目标不合理，不符合实际。你问他：那到底怎样的营销目标才合理？怎样的目标才符合实际呢？他说：我也不知道，反正这个目标太高了！职业营销选手关心的是：目标到底应该如何分解下去。对于营销来讲，如果一个目标不能分解下去，这个目标就是根本无法完成的神话！职业营销选手清楚地知道，营销创造神话的唯一途径，就是去实现所有能够分解的目标。

我们在前面的训练中已经知道，业余营销选手的精力，自己都不知道是怎样消耗掉的，但职业营销选手始终只专注目标完成率这一点！职业营销选手营销是为了吃饭，没有好的目标完成率，对于职业营销选手来讲，就意味着没有饭吃。对于职业营销选手来讲，目标分解能力，实际上就是保住饭碗的能力。很多业余营销选手都受到上面的关于时钟的故事的影响，他们习惯于把目标分解到月，分解到旬，分解到天，在业余营销选手看来，这就是目标的分解。这种把目标按时间分解的儿童益智游戏，并不是职业营销的目标分解。

我们举个简单的例子：比如你是华南大区的大区经理，你这个月的销售目标是 900 万元；如果按照时间来分解目标，你上旬的销售目标就是 300 万元，你在这个月上旬，从 1 日到 10 日，每天的销售目标就是 30 万元。如果你每天都达到 30 万元，你这个月的目标就完成了，如果你每天都只能完成 15 万元，你这个月的目标完成率就是 50%；你觉得可笑吗？但业余职业营销选手就是这样干的。职业营销选手从来不敢玩这样的游戏，他们知道这种游戏的结果有多可怕。对于职业营销选手来讲，只有那些能够分解到单元市场，分解到客户，分解到品种，分解到营销人员的目标，才是真正的营销目标。

职业营销选手的目标分解能力，体现在四个目标分解步骤。**第一步是把目标分解到市场单元。**职业营销选手接到一个总体的销售目标后，首先会根据自己管辖区域内每个市场单元的历史销售数据，以及自己对每个市场单元的销售预测，制定出自己的预测目标。如果自己预测的目标比接到的销售目标大，那就基本 OK 了。但这种几率是比较低的，大多数情况下，自己预测的目标都比接到的销售目标小，这个时候，职业营销选手会按照自己预测的目标的比例，把接到的目标分解到每个市场单元。比如你有三个市场单元 A、B、C，你预测的目标是 A 市场 10 万元，B 市场 20 万元和 C 市场 30 万元；但你接到的销售目标是 120 万元，那么这三个市场单元的目标就分解为 A 市场 20 万元，B 市场 40 万元和 C 市场 60 万元。这不是数字游戏，职业营销选手和业余营销选手，都经常会面对这样的难题，自己预测市场能够销售 60 万元，但接到的销售目标却是 120 万元。如果我们直接就说不可能，那么营销这行我们就不用做了。

　　第二步是把每个市场单元的目标，分解到客户。我们在市场经营能力训练中，已经讲过了，职业营销选手是把客户分为三类的，哪些客户会从一类下滑成二类或者三类客户，哪些二三类客户成长为一类客户，职业营销选手心中都会有个预测。当职业营销选手把目标分解到市场单元以后，就会根据自己的预测把目标再分解到客户。比如我们上面说的 A 市场，目标是 20 万元，这个市场有两个客户，A_1 客户我们预计他可以完成 10 万元，A_2 可以完成 5 万元，那剩下的 5 万元就是新客户开发目标。简单来讲就是我们要在 A 市场，开发一个能承担 5 万元目标的新客户 A_3，否则在客户这个环节 20 万元的销售目标就无法分解了，也就是说，这个目标在客户这个环节就无法完成了。

　　第三步是把每个客户的目标，分解到品种。我们在市场经营能力训练中，已经讲过了，职业营销选手，是把品种划分为拳头品种，主销品种，主推品种三个类别的，根据客户类别和品种类别的不同，职业营销选手投放给每个客户的品种类别和品种数量是不同的。如果我们上面分解到客户的目标，如果不能分解到客户经营的具体品种，那这个目标就还没有落地，还是空的。比如上面的 A 市场的第一个 A_1 客户，我们分解给他的销售目标是 10 万元，职业营销选手首先会根据历史数据，对 A_1 客户经营的所有品种的销售目标，作出一个预测。比如 A_1 客户经营 10 个品种，其中有 2 个已经停产了，剩下的 8 个品种，我们预测销售总和是 8 万元，那剩下的 2 万元，就必须靠新品种的投放来解决。如果职业营销选手手中，没有足够可以承担这 2 万目标的新品种资源，这个目标就是无法分解，无法完成的。

第四步是把已经分解的市场单元，分解到客户，分解到品种的目标，分解到营销人员。从市场运作的角度讲，市场不会无偿帮我们制造优质客户，客户更不会很自然地就把我们的品种推广成畅销品，在实际的市场运作中，营销人员的力量是不可或缺的。我们的营销目标，不能分解到营销人员，或者说我们把目标分解给没有能力完成这个目标的营销人员，我们的目标仍然是空中楼阁。对于职业营销选手来讲，分解目标实际上就是为了实现目标。当一个营销目标分解到市场单元，分解到客户，分解到品种，分解到营销人员以后，职业营销选手就清楚地知道，营销人员的主要精力，应该放在哪些重点品种，哪些重点客户，哪些重点市场。

业余营销选手经常对目标手足无措，完成了目标归结为运气好，完不成目标就埋怨目标不合理。职业营销选手从来不会在市场上寻求好运气，更不会抱怨目标太高。职业营销选手接到营销目标以后，一定会首先进行目标的分解，能够分解到市场单元，分解到客户，分解到品种，分解到营销人员的目标，才是可以完成的目标。当目标分解完成以后，实际上职业营销选手的重点性工作计划也就完成了。职业营销选手下市场之前，这个月应该在哪个市场单元停留几天，都是已经按照目标分解规划好的。特别温馨地提示大家，目标分解以后，只能代表目标已经处于能够完成的范围以内，但并不等于目标已经完成。要真正控制每个营销战役的结果，商务运作能力、市场经营能力、目标分解能力固然重要，但我们接下来要训练的资源整合能力、政策运用能力等，更是不可或缺的。

第二十二天：资源整合能力

在本书的开篇，我们就列举了职业营销选手与业余营销选手的 17 个区别，其中第一个区别就是：职业营销选手喜欢一个人去营销，业余营销选手害怕一个人下市场。

为什么职业营销选手就敢于一个人去战斗，而业余营销选手害怕下市场呢？难道是职业营销选手天生就胆子大吗？关键的原因在于，职业营销选手认为自己的资源足够多，而业余营销选手总是觉得资源不足。职业营销选手下市场，非常轻松，因为他们知道自己有足够的资源；业余营销选手下市场，非常艰难，因为他们不知道除了乞求别人以外，自己还有什么资源。其实职业营销选手与业余营销选手拥有的资源是一样的，只不过职业营销选手善于整合资源，而业余营销选手对这些资源视而不见。

职业营销选手的资源整合能力，首先体现在资源的盘点能力上。职业营销选手每设定一个新的营销目标的时候，都会首先盘点一下自己手中的资源，是否足够支撑目标的实现。如果资源充足，就研究如何配置这些资源，如果资源不足，就必须去挖掘和申请资源。优秀的军事指挥官，从来不打没有准备的战斗，真正的职业营销选手，从不设定没有足够资源的营销目标。每个职业营销选手都有一张自己的资源盘点表：

表　职业营销选手资源盘点一览表

资源类别	资源名称	资源现状	资源需求
外部资源盘点	市场环境资源		
	需求环境资源		
	消费习惯资源		
	竞争环境资源		
	流通渠道资源		

资源类别	资源名称	资源现状	资源需求
内部资源盘点	品牌资源		
	品种资源		
	人力资源		
	政策资源		
	知识资源		
	信息资源		
	工具资源		

外部资源由市场、需求、消费、竞争、流通 5 个部分组成，市场环境资源指的是对市场规律和市场状态的盘点，不但市场各个季节的供求特点要列出，你负责的区域范围内，哪些是销量最大的主要市场，哪些是增长潜力最大的战略市场，也要列出；需求环境资源是对需求焦点的盘点，比如我们是制造高档婴儿奶粉的，就必须盘点出婴儿除了吃饱以外，对高档奶粉有哪些焦点需求；消费习惯资源是对消费者主要购买习惯的盘点，比如我们的产品是普通婴儿奶粉，我们就必须盘点出本地区普通家庭的妈妈们选购婴儿奶粉的主要购买习惯。竞争环境资源是指，适度的竞争，是激励营销进取的良性资源。竞争激烈的地区，竞争对手也为我们培育了大量的客户，我们必须列出主要竞争对手的主力产品和主销区域。流通渠道资源就不用多说了，代理商和零售商是不可再生的市场资源，必须当做一种资源经常盘点，做到心中有数。

内部资源是由品牌、品种、人力、政策、知识、信息、工具 7 个部分组成的。商业社会是品牌消费的时代，每个企业都有自己的品牌规划，每个企业都会有自己的品牌推广和传播预算，这就是职业营销选手必须把握的内部资源；品种资源就更容易理解了，就算企业有 1 000 个品种，每个职业营销选手都必须列出最适合自己市场的那些资源性品种。人力资源盘点指的是必须列出裁员或者增员的名额，以及人员调动的计划。只有业余营销选手才会等着人力资源部门分人，职业营销选手通常都是去人力部门要人和抢人的。政策资源我们在训练的第 21 天已经讲过了，现在要做的是必须把现有的和需求的政策，当成资源列在上面的表格里。知识资源包括有形的和无形的两个部分，有形的知识是文字和图片以及影视资料，无形的知识是培训的计划和预算，这些都是必须盘点的内部资源。信息资源是双向的，既包括怎样收集市场第一线的信息，也包括怎样把有用的信息传递给一线人员，必须列出信息双向传递的资源现状和需求。工具资源包括交通工具、通信工具、销售演示工具、促销宣传工具等。工欲善其事，必先利其器，工具资源盘点的重要性，地球上做营销的人都知道。

职业营销选手的资源整合能力，除了资源的盘点能力外，更重要的是资源的运用能力。曾经有一个超级富翁请小学的同学吃饭，大家都来捧他的场，就是他的同桌不来，富翁觉得很没面子，于是找到他的小学同桌："我这么有钱，你为什么不给我面子，不尊重我！"他的同桌说："你有钱是你的事，我再尊重你，你的钱也不是我的！"富翁想了想说："那我把我的钱给你一半，你总可以尊重我了吧！"他的同桌也笑了："你给我一半，我们两个的钱就一样多了，我为什么要尊重你？"富翁急了："那我把钱都给你行了吧！他的同桌也急了：那我就成为有钱人了，应该你尊重我了！"就像你有再多的钱，也无法买来朋友的尊重一样，你有再多的资源，如果不会运用，也换不来市场的认可。

职业营销选手能够运用的资源，就是我们上面盘点出来的外部资源和内部资源，外部资源是市场上客观存在的现实，职业营销选手要做的唯一动作就是：选择与我们最匹配的部分，结合自己的实际，有效地运用。内部资源是企业内部逐步积累起来的，能够提供给营销人员调配使用的资源，内部资源整合不利，即使看到了外部的可利用资源，也没有能力把握和运用。职业营销选手资源运用的能力，就体现在能否实现内部资源与外部资源的对接，比如我们运用品种资源的时候，根据现实存在的市场资源、需求资源、消费资源、竞争资源、流通资源，去选择和配置我们的品种，内部和外部的资源就整合在一起了，这就是职业营销选手必须具备的资源整合能力。每个职业营销选手都必须清楚，无论我们是否进入这个市场进行营销，外部资源都一样存在，我们一旦进入了这个市场，如果不能整合这些已经存在的外部资源，无论我们投入多少内部资源，最后都一定会无功而返。

第二十三天：政策运用能力

今天是职业营销选手训练的第二十三天，我们将接触的领域和训练的内容，一向被称为营销的灰色地带。灰色是介于白色与黑色之间的一种颜色，也就是说，没有人能说清楚灰色到底是黑是白。于是灰色地带指的就是那些不确定，人们又不愿意公开的领域。职业营销选手的政策运用能力，要掌控的就是这样的灰色地带。

所有营销人员都知道销售政策的存在，他们甚至对销售政策有一种依赖，营销没有政策，那还能叫营销吗？每个公司都有自己的营销政策，每个营销人员都在执行着营销政策，同时几乎每个营销人员，都在抱怨着自己执行的营销政策。营销政策的制定，必须紧跟市场变化的节奏，要求是既及时又有效。及时本身就是一个不确定的领域，是比所有竞争对手早一天出政策叫及时，还是竞争对手出政策的第二天出政策叫及时？有效更是一个不确定的领域，不但一个政策想要对所有市场和客户都有效是天方夜谭，就是既定的政策对哪个市场或者客户真正有效，也没有人能在真正实施之前，给你肯定的答复。另外，及时与有效之间本身就是一对矛盾，既要不早不晚地及时推出，又要不左不右地击中要害，谁能够做得到，那地球都会围着他转了，有这个本事就不用做营销了，直接去做太阳公公就好了。这就是营销政策的不确定性。

其实营销人员很少有时间和心情去关心营销政策是怎样来的，大家更关心这些营销政策应该怎样用。每个企业的营销政策，在真实的市场竞争中，其实都属于商业情报。情报的第一个要素，就是保密。营销人员不但要尽量去了解竞争对手的营销政策，还要在适度保密的状态下，执行自己的营销政策，并且同样一个政策，对不同的市场，不同的客户要进行差异灵活调整，不能一刀切。营销人员不知道竞争对手的营销政策，是很糟糕的；但更糟糕的是，我们的营销政策还没有执行，就被竞争对手完全掌握了；但这还都不是最糟糕的，最糟糕的是我们拿到政策还没有对客户讲，客户已经笑着说：你们这个月的营销政策是这样的，对吧？营销政策不仅仅包括客户的激励政策，还包括营销人员的激励政策。没有任何一个营销人员，希望竞争对手和客户知道自己的收入核算方式，竞争对手打来电话说：别在那家企业干了，你的工资我们都知道，那么辛苦才这么一点，真可怜啊！这确实令人郁闷，但更郁闷的是客户打来电话：我再发 30 万的货，你就可以拿到这个月的销售奖励了，要不要我帮个忙啊！

营销政策作为一种商业情报，在政策执行范围以外，都属于大家不愿意公开的领域。对于所有营销人员，营销政策都是一个真实存在的灰色地带。作为一个职业营销选手，要想穿越这个灰色地带，具备政策运用的能力，首先必须清楚营销政策在营销战役中的位置。在营销实战当中，营销人员不但面对瞬息万变的市场，还必须面对层出不穷的营销文件、方案、制度、规定、政策、通知、指引等，这个要遵守，那个也要执行，大多数业余营销选手之所以业余，除了市场上的原因外，基本上都是被企业过多的营销文件搞晕的。职业营销选手必须清楚地知道，在营销实战中，能够指挥或者帮助营销人员作战的营销文件，归根到底就只有三种：第一种是营销制度；第二种是营销政策；第三种是营销指引。

营销制度一般不会轻易改变，而且对所有人都采取统一标准。比如一个企业的年度营销方案，营销人员的工资核算方案，其实都属于制度的范畴。但是全世界最好的营销制度，最多也不过解决 80% 的营销问题，比如你企业的年度营销方案是制订执行了，但第一季度销售不理想，怎么办呢？只有业余营销选手才会去把年度方案推翻，再推出一个新的年度方案。这个时候就是职业营销选手运用政策解决营销问题的时候了，对于职业营销选手来讲，营销政策与政府颁布的政策含义截然不同，营销政策的本质是阶段性的营销措施。这个阶段营销遭遇了瓶颈或者问题，这个阶段的市场变化导致了我们营销目标的调整，我们采取一个措施去应变，这个措施就是营销政策。我们制定了一个营销政策，但要明确地告诉营销人员，我们制定这个政策的目的和市场背景，指导他们如何去传播与沟通，如何分步骤实施，遇到问题如何处理，这个时候就需要出一个操作指引了。

每个职业营销选手都必须清楚地知道，营销政策其实就是阶段性的营销措施，营销政策是对营销制度的补充和完善；营销指引是对营销政策的解读和指导，这就是营销政策在整个营销战役中的正确位置。对于一个职业营销选手来讲，运用营销政策的真正含义是：它是实施阶段性营销问题的解决方案。首先阶段性的含义是，所有营销政策都是具有时限性的，过了这个时间段，这个政策就必须终止或者变化，所有把营销政策当成营销制度执行的营销人员，都是不折不扣的业余营销选手。其次，每个营销政策都是针对阶段性必须解决的具体营销问题的，一个想解决所有营销问题的营销政策，最后不但解决不了任何问题，而且还会带来一大堆新问题。最后，既然是解决方案，就一定包括解决方案的制订和方案的执行两个部分。职业营销选手的营销政策运用能力，由三个要素构成，我们称为政策运用能力的"123"：

"1"是一个明确的目标：业余营销选手在运用营销政策的时候，有两个误区。第一个误区就是我们上面讲的，业余营销选手会希望一个营销政策，可以解决很多市场问题，这就导致他们运用一个政策的时候，希望达到很多目的，结果不但这些目的都没有达到，还为自己带来一大堆新的问题，更把营销政策体系搞得一团糟，引来客户和营销人员的抱怨。第二个误区是目的不明确，业余营销选手他们坚定地认为，所有营销政策的目的，无非就是：提高销量，提高市场占有率，旺季拉动销售，淡季储备，短期业绩冲刺，推广新品种，打击竞争对手这些内容，难道这些目的还不够明确吗？是的，这些都是笼统的期望，而不是明确的营销目标。职业营销选手运用营销政策的时候，一定会设定一个明确的阶段性营销目标。简单地讲就是在什么时间段内要达成怎样的业绩。不是提高利润，是一个时间段内提升多少利润；不是提高市场占有率，是一个时间段内增加多少个网点，网点的平均销量增加多少；不是笼统地打击竞争对手，也不是要等竞争对手宣告破产才算打击，是要明确阻止哪个竞争对手的哪个具体市场目标的实现。所有的营销政策都是必须付出成本的，实施一个没有明确的具体目标的营销政策，不是做营销，是做比营销更伟大的慈善事业。营销与慈善最大的区别在于，营销百强是按照你获得了多少排名的，慈善百强是按照你付出了多少排名的！

"2"是两个固定的对象：职业营销选手运用营销政策的时候，从来不会按照理论，把营销政策分为制定和执行两个部分，职业营销选手在制定政策的时候，已经开始执行政策，职业营销选手会在政策执行的过程中，灵活修正政策的制定。职业营销选手之所以能够做到这一点，是因为职业营销选手始终能够牢牢抓住，营销政策中的两个固定的激励对象——客户与营销人员。无论我们为了什么目标运用一个营销政策，所有营销政策的激励对象，始终都必须落实到人，能够使营销政策发挥威力的人，就是客户和营销人员。业余营销选手经常很迷惑，为什么在讨论客户政策的时候，营销人员不是漠不关心就是多多益善？为什么针对营销人员出了很多政策，市场还是没有业绩？根本的原因就在于，业余营销选手不是运用一个政策专门针对客户，就是运用某个政策专门针对营销人员。职业营销选手运用的每个营销政策，一定兼顾客户和营销人员两个对象，不会遗漏任何一个。比如说我们要在一个月内把一款新品的销量做到一个目标量，不但对客户要有进货和销售的奖励，有促销的支持；还要根据销售人员辖区内客户的业绩，对销售人员设定奖励。职业营销选手在政策制定的过程中，就会要求营销人员与客户沟通，列出可能遇到的执行问题，并且会在政策中为营销人员预留应对变化的自主空间。营销政策的核心不是制定与执行，而是制定与执行融为一体的运用。只有业余营销选手才会这边筹划制定政策，那边又落实政策执行，职业营销选手专注的是政策的运用，只有那些把客户与营销人员的利益捆绑在一起的政策，才能真正达到目标。

"3"是"三个不能"原则：职业营销选手运用营销政策的时候，必须坚持"三个不能"原则。

第一个不能原则是绝对不能直接运用政策。直接运用营销政策就是公司政策一公布，就原文转发给客户，或者打电话把政策给客户朗读一遍。营销政策本身就是一个灰色地带，只有业余营销选手才会不经过包装，就直接运用营销政策。职业营销选手运用营销政策的时候，一定会对营销政策进行包装，政策规定有的，会包装成是我帮你争取来的；达到 20 万元就可以拿到的政策，会被包装成达到 25 万元才能享受；直接的奖金，会被包装成广告费用或者公关费用。温馨地提示所有营销人员，包装政策不是商业欺诈，而是一种职业营销选手必备的政策运用能力。就像无论一个人拥有多少辆名车，也不能证明他有高超的驾驶技术一样，对于那些直接运用营销政策的职业营销选手，最好的营销政策到了他们手上，也达不成既定的目标，而且一定会变成一大堆麻烦。

第二个不能原则是绝对不能单纯运用政策。单纯本来是形容女孩子的褒义词，但古龙先生一语道破了天机，任何一个男人认为他已经很了解女人，哪怕是最单纯的女人，这个人不是白痴就是傻瓜！对于一个营销人员来讲，如果直接地运用政策是无知的话，那么单纯地运用政策就是愚蠢。营销政策之所以成为灰色地带，就是因为在我们执行任何一个新的营销政策的时候，都无法回避以前的政策遗留下来的问题。如果你可以遇到一个没有任何历史遗留问题的市场，那你真是太幸运了，不过也不用高兴太早，只要你还做营销这一行，你一定会遇到的。你想遇到一个单纯的女孩子很难，但要遇到一个有遗留问题的市场实在太容易了。职业营销选手从来不会单纯地去运用一个营销政策，职业营销选手操盘的市场，一定存在遗留的问题和其他业务问题，等待新的资源来解决。职业营销选手一定会把新的政策分出一部分资源，达到这个政策的目的的同时，解决一部分遗留的问题和其他业务问题。

第三个不能原则是绝对不能公平运用政策。周润发在电影中有一句名言，这个世界本来就是不公平的，要不然非洲也不会有那么多难民。只有业余营销选手才在运用营销政策的时候，去充当市场的救世主，搞那些所谓的一碗水端平的游戏，对所有客户与营销人员一视同仁。职业营销选手运用营销政策的时候，一定不会搞一刀切和公平对待，即使是同样的政策，职业营销选手也会根据客户的销量和忠诚度的不同，制造差异；根据营销人员操盘市场的差异，区别对待。只有业余营销选手才会遭遇这样的尴尬，A 客户在电话里大吼："为什么我跟 B 客户的销量一样，拿到的奖励不一样？"C 营销人员委屈地投诉："为什么我比 D 营销人员的销量多三倍，奖励还不到他的一半？"只有在这个尴尬的时候，业余营销选手才会明白，原来市场本来就是不公平的。职业营销选手运用的营销政策从来都是不公平的，客户的市场范围，主销品种，推广力度，忠诚度，配合度不同，政策一定不同；营销人员的市场基础不同，品种组合不同，客户结构不同，政策一定不同。套用周润发先生的名言，送给大家一句忠告：营销政策本来就是不公平的，要不然，总想一碗水端平的业余营销选手，就不会总是被抱怨，那些制造差异的职业营销选手，反而获得尊重！

第二十四天：快速反应能力

非洲草原是不公平的，从来只有狮子吃羚羊的弱肉强食，没有羚羊吃狮子的惊世骇俗；非洲草原也是公平的，有被狮子吃掉的羚羊，也有吃不到羚羊饿死的狮子。每一个狮子妈妈在小狮子刚学会走路的时候，都会对小狮子说："孩子，你必须学会快速的奔跑，我不想你成为狮子王，但你必须快过最慢的羚羊，要不然你就会饿死的。"每一个羚羊妈妈在小羚羊刚会走路的时候，都会对小羚羊说："孩子，你必须学会快速地奔跑，我不想你成为羚羊的首领，但你必须比其他的小伙伴们跑得快，要不然你就会被狮子吃掉。"

行业市场其实就是非洲草原，大集团就是狮子，小企业就是羚羊。行业市场是不公平的，从来只有大集团收购小企业的弱肉强食，没有小企业兼并大集团的惊世骇俗；行业市场也是公平的，小企业有倒闭的可能，大集团也有破产的风险；不但每个小企业都有成为大集团的可能，而且在某个具体的局域市场，很多弱小的企业都具备与大集团竞争的能力。理论上一般都是大鱼吃掉小鱼，营销实战中，通常是快鱼吃掉慢鱼。职业营销选手无论身在大集团还是小企业，都可以控制每个营销战役的结果，靠的其实就是速度，市场快速反应的能力。

政策运用能力确实很重要，但所有职业营销选手都知道，再好的制度和政策，最多只能够解决80％的营销问题，还有20％的营销问题，是必须在战役中用快速反应解决的。快速反应能力最简单的解释就是：根据市场形势和顾客需求的变化，用最短的时间，制造出差异化的产品，服务或者信息，抢在竞争对手前面，迅速地传递给我们的顾客。市场快速反应能力的核心就是一个字：抢！抢什么？抢时间！抢信息！抢传播！

抢时间：对于市场营销而言，时间是一种可以进行无限深度开发的资源。一定要抢在竞争对手前面，对市场形势和顾客需求的变化作出反应。这个道理不但职业营销选手知道，业余营销选手也知道，问题的关键在于怎样去抢时间。时间本来就是公平的，全世界最勤奋的人和最富有的人，也不可能每天拥有 25 个小时。在抢时间的问题上，100% 的业余营销选手都是盲目的，他们甚至认为，别人一天工作 8 小时，我们每天工作 9 小时；别人一星期休息 2 天，我们一个月休息 2 天；别人早上 8 点拜访客户，我们 7 点就去；这样做就是在抢时间了。

职业营销选手在抢时间的问题上，从来不会这样钻牛角尖。对于任何一场营销战役，职业营销选手最基本的武器，永远都是产品和服务。职业营销选手通常面临与业余营销选手一样的问题：我们是有很多产品，但我们的产品并不是性价比最高的，我们是能够提供很多服务，但我们的服务水平和服务能力并不比竞争对手强。能够在营销战役中使我们的产品和服务胜出的关键资源，就是时间。所以职业营销选手抢时间，永远不抢谁起得早睡得晚，职业营销选手抢的是产品的时间和服务的时间。

2001 年 2 月，海尔举行全球经理人年会。在这个年会上，海尔美国贸易公司的总裁迈克先生提出了一个想法，他说在美国冷柜的销量非常好，但有一个用户难题是传统的冷柜比较深，拿东西尤其是翻找下面的东西，非常不方便。他说能不能发明这样一个产品，从上面可以掀盖，下面能够有抽屉分隔，让用户不必探身取物。就在会议还在进行的时候，设计人员和制作人员马上一同行动，经历了一个不眠之夜。到晚上两三点钟，第一代样机就这样诞生了。迈克回忆那天的情景时说："他们拍拍我的肩膀说给我个惊喜。他们把我带到一个小房间里。我看到一些盒子上蒙着帆布。他们让我闭上眼睛，他们掀开帆布。我睁眼一看，17 个小时之前我的一个念头，已经变成一个产品，展现在我的眼前了。我简直难以相信，这是我所见过的最神速的反应。"第二天，海尔全球经理人年会闭幕晚宴在青岛海尔国际培训中心举行。一件披着红色绸布的冷柜摆在了宴会厅中。在各国经理人疑惑的目光里，主持人揭开了绸布，当场宣布：这就是迈克先生要求的新式冷柜，它已被命名为"迈克冷柜"。全场的经销商们先是惊讶，继而爆发出热烈的掌声。当天，这款迈克冷柜就被各国经销商订购。如今这款冷柜已经被美国大零售商西尔斯包销，在美国市场已经占据了同类产品40％的份额。

　　产品抢时间，抢的就是产品开发的时间，交货的时间和周转的时间。就像上面的案例一样，一款新的市场畅销品的开发源头，通常都不在我们的研究中心，也不在我们的会议现场，而是来源于客户一个不经意的想法。市场畅销产品的开发源头，其实就在市场上，问题在于业余营销选手总是视而不见，而职业营销选手一直刻意地寻找。除了产品开发以外，产品的交货时间和周转时间也是职业营销选手必抢的。营销战役一旦打响，产品的快速周转就成为竞争的核心。职业营销选手会根据自身的交货速度和销售进度，设定每个销售环节的安全库存和补货周期，低于安全库存就立即补货，安全库存积压就促销拉动。在产品抢时间环节，快速反应能力就体现在，开发新产品的速度，补货到零售终端的速度，消化滞销产品的速度。

　　服务抢时间，抢的就是服务推出的速度和服务响应的速度。我们在很多营销书籍中都看到，很多专家都认为：营销不是为了比别人做得更好，而是与别人做得不同。于是大家都挖空心思去尽可能地寻找差异，要去达到与别人不同的目的。事实上，我们之所以要去寻求差异，最直接的原因就是我们比别人慢。如果我们总是比别人推出某项服务的速度快，那么去努力寻求不同就是竞争对手的门槛了，我们只需要做得更好就行了。抢服务推出的速度，几乎已经成为了职业营销选手的习惯，每个职业营销选手都知道，最好的服务，永远是别人没有，而你能够提供的服务。服务推出的速度，经常会受到企业决策审批流程和企业资源调配能力的限制，所以职业营销选手，一定会提前进行服务的各项筹备工作。我们就拿春节期间促销服务的推出时间来讲吧，业余营销选手认为提前1个月开始筹备就很好了，但职业营销选手基本上在每年的9月份就已经开始筹备和沟通了。服务的响应速度也是职业营销选手必抢的时间，客户什么时候最需要我们服务的响应速度，就是在他们遇到问题的时候。业余营销选手在客户遇到问题的时候，总是喜欢等他们有了问题的解决方案的时候才去见客户，职业营销选手恰恰相反，他们一听到客户有问题，基本上都是第一时间赶到现场，了解具体情况。能不能解决客户的问题，是职业营销选手无法承诺的，但我们能不能在第一时间做出响应，是职业营销选手必须做到的。相对于问题解决的程度，客户更在意他等待的时间，业余营销选手经常把小问题拖延成大事故，而职业营销选手经常能把大事件化解为小事情，关键就在于职业营销选手一直在抢服务响应的时间，而业余营销选手在想解决问题的办法。

抢信息：所有营销人员都曾经遭遇过这样的尴尬，当我们与客户和竞争对手的营销人员坐在一起的时候，他们说的信息我们根本不知道。唯一不同的是，业余营销选手经常遭遇这种尴尬，而职业营销选手很少碰到。因为职业营销选手都知道，市场竞争之所以是不对称的竞争，最根本的原因就是因为信息的不对称。所以，职业营销选手通常都会抢在竞争对手之前，发现和传播动态的信息不对称。

在这个信息爆炸的年代，所有人都不敢自称信息灵通人士，每个职业营销选手都清楚地知道，职业营销选手没必要成为信息收集专家，但对于那些能够影响客户决策和行为的信息，我们必须抢在竞争对手前面去发现。在抢信息方面，每个职业营销选手都有这样一些习惯。

第一，职业营销选手每天都会抽出一些时间浏览互联网；在这个信息时代，互联网已经把世界变平了，谁远离互联网，谁就离开了平坦的信息大道，不是寂寞地蹲在山顶，就是孤独地沉入海底，只有业余营销选手才会选择远离互联网，职业营销选手一定行走在平坦的信息大道。第二，职业营销选手拜访客户之前，都会与客户的员工聊聊天，没有谁比客户的员工更熟悉这家企业的运营状况，也没有谁比客户的员工更了解我们的客户，只有业余营销选手才会在拜访客户的时候，直接走进总裁办公室，职业营销选手一定会先做足功课，在客户的员工那里抢到信息后，再去拜访拥有决策权的客户。第三，职业营销选手经常会联络客户的合作伙伴，要客观地了解一个人，我们首先就必须了解他的朋友是谁，合作伙伴对客户的评价和抱怨，是职业营销选手必须抢的信息。第四，职业营销选手会定期去拜访典型的用户，典型用户是客户的客户，典型的用户是我们与客户之间的沟通桥梁，我们与客户说 100 句我们的产品很棒，不如采集 1 个典型用户的成功案例。第五，职业营销选手不但会拜访自己的终端，还会拜访竞争对手的终端，我们的商品在我们的终端变成货币，竞争对手的产品在竞争对手的终端变成货币，不深入到终端去抢信息，就等同于在扔钱。这些地方其实就是职业营销选手抢信息的渠道，每一次营销战役的关键信息，其实都是职业营销选手从这些地方抢过来的。

抢传播：信息也是有生命的，你把信息存储起来，信息就开始贬值，你把信息传播出去，信息就开始增值，传播的速度和广度，就是信息的生命。职业营销选手抢回来的信息有很多，但职业营销选手传播的信息只有一种：好信息。对于信息传播来讲，我们自己的正面信息肯定是好信息，竞争对手的负面信息更是好信息。市场竞争本来就不是主宾尽欢的宴会，正面宣传自己和反面打击对手，二者缺一不可。抢信息是抢先发现不对称的信息，抢传播是抢先制造信息不对称。

职业营销选手抢传播的能力，除了地球人都知道的速度和广度以外，最关键的是制造信息不对称的方式。我们举个简单的例子，比如一位营销专家要去某个企业做内训，培训一开始，最需要传播的信息就是这位专家的名字和头衔，是这位专家自己上台去传播一大堆头衔好呢？还是由企业内部的人去传播好呢？这就是我们所说的制造信息不对称的方式。我好我就自己说，我们的优点自己直接说出来；我们从不说竞争对手的坏话，竞争对手的弱点避而不谈，这是典型的业余营销选手的制造信息不对称的方式。

营销实战中，职业营销选手制造信息不对称的方式非常简单，就是借别人的口去传播。也就是我们通常说的口碑传播。全世界所有的逻辑都只研究一个东西，就是行为的有效性。每个职业营销选手都知道，信息传播的有效性就在于能否借别人的口去传播。口碑传播最基本的方式，就是口耳相传。职业营销选手无一例外地，都是通过口耳相传制造信息不对称的高手。职业营销选手在传播好信息的时候，不是在给自己做广告，也不是在告竞争对手的状，职业营销选手是在制造一个新鲜的，与传播者利益相关的，具有一定私密性质的，吸引受众去议论和传播的不对称信息。

职业营销选手传播自己的正面信息的时候，一定不会自己去说，而是利用传播媒介和案例的宣传，制造出事实和噱头，借别人的口去传播。职业营销选手传播竞争对手的负面信息的时候，更不会大张旗鼓，逢人就说，而是找一些关键的人，无意中透露这个信息，并且温馨地提示：千万不能对别人讲。比如，营销人员发现竞争对手的产品质量检测不合格，置之不理或者印发一些传单去宣传，这些都是非常业余的，职业营销选手会迅速找到那些既代理自己的产品也代理这个竞争对手的产品的客户，单独对他讲："这个是我刚收到的信息，你要赶紧与那边联系并处理，尽量减少损失，我得到消息第一时间通知你，尽量不要告诉别人。"你知道结果是什么吗？结果就是这个信息比你印发海报传播得还快。营销实战中的信息传播自然不会这么简单，但作为一个职业营销选手，你必须时刻思考：这个消息到底借谁的口，才能够传播得最快，最广！这就是抢传播。

第二十五天：培训激励能力

　　培训与激励，相信每个营销人员都不会陌生。每个营销人员都接受过很多的培训，在营销培训的现场，我们曾经做过很多次这样的测试：你为什么来参加这次培训？我们得到的结果出奇的相似，几乎99％的营销人员参加培训的原因都是：公司派我来参加的，所以我就来了！培训，已经成为了大多数企业发给营销人员的一种福利。每个营销人员都会经常面对很多激励，有些人就是因为某些激励，才来到这家企业的；还有些人是因为某些激励，才留在这个企业的；更有些人是因为激励的存在，才激发出潜能取得突出的业绩的。激励已经成为营销人员管理不可或缺的一个部分。

　　对于一个职业营销选手来讲，培训与激励都是必备的能力，一个职业营销选手，必须具备对自己的客户和团队实施培训和激励的能力。事实上，大多数业余营销选手也具备培训客户和自己团队的能力，他们甚至还具备设定和执行有效的激励方案的能力，但非常令人遗憾的是：业余营销选手只把培训当成一种福利，而不是一种激励，他们人为地把培训与激励分割成两个截然不同的系统。职业营销选手从来不会把培训当成一种福利，对于职业营销选手来讲，培训与激励本来就是一个系统，培训本身就是一种激励。

　　培训的概念是什么？培训的作用是什么？这些都不是职业营销选手的应知应会。现在的市场营销，要求每个职业营销选手都必须有实施培训的能力。每一次给营销人员培训，我都不止一次地强调：业余营销选手以学生的心态参加培训，他们总是思考，通过这次培训我学习到了哪些知识；职业营销选手以培训师的心态参加培训，考虑的是，如果这堂课由我来讲，哪些形式和内容是可以借鉴的，哪些是需要展开的，哪些是需要改进的，哪些是需要删除的。能够对客户和自己的团队实施培训，拥有一门到两门自己的品牌课程，仅仅是职业营销选手的基础能力。对于一个职业营销选手来讲，必须具备的是把培训运作成一种激励的能力。

职业营销选手的培训激励能力，实际上就是对整个培训系统的控制能力。职业营销选手必须控制的培训系统有两个，一个是客户培训系统；一个是营销人员培训系统。客户培训本来就是一个系统工程，只有业余营销选手才会把客户培训当成推销前的洗脑，新产品推广会上要培训一下洗洗脑，经销商年会上也要培训一下洗洗脑，这是业余营销选手的习惯做法。营销人员培训本身更是一个系统工程，业余营销选手不是把营销人员培训当做必须的福利，就是把营销人员培训当成哪里痛就抹哪里的万金油。新员工入职必须参加入职培训，储备干部晋升，必须参加晋升培训，星期六公司邀请了某某营销专家来做内训，所有营销人员都要参加，这是把营销人员培训当成了福利。新来的销售人员业务素质和能力太差，要培训；华北大区的业绩一路下滑，必须培训；这个新政策营销人员会运用吗？立即培训，这是把营销人员培训当成了万金油。职业营销选手的培训激励能力就体现在，如何通过客户培训系统去激励客户，如何通过营销人员培训系统去激励自己的团队。

作为一个职业营销选手，要通过客户培训系统去激励客户，首先必须清楚客户培训系统的培训对象是谁。实际上在客户培训系统之中，职业营销选手只需要培训三种人。第一种是采购我们产品的人；第二种是销售我们产品的人；第三种是消费我们产品的人。作为一个职业营销选手，必须具备通过客户培训系统去激励这三种人的能力。

第一种人是对我们的产品具有采购决定权的人，这些人不是企业总裁就是采购总监或者高管，他们都是行业内的专家，就算你是职业营销选手，也没有实力去培训这些人，甚至连为他们提供一些培训建议都不够资格。你刚对他说某个课程很适合他，他就告诉你上个月已经听过了；你刚推荐他去看某本营销书籍，他就说："看过了，写的也不怎么样。"那怎么办？只要你领悟到：我们不是为了培训而培训，而是为了通过培训去激励我们的客户。那么，要通过培训系统去激励这些人就变得很简单了，职业营销选手会把这类人群，列为客户培训系统的师资资源，给他们颁发荣誉证书，邀请他们为其他客户和我们的营销人员培训，对于这些行业内的专家，建立一个平台请他们去培训别人，这其实是对他们最好的激励。

第三种人是消费我们产品的人，他们的数量太庞大了，任何企业都没有足够的资源，每年把自己的消费者都轮训一遍，消费者培训的最佳方式是有效的导购和优质的售后服务，有效的导购和优质的售后服务实际上都是通过第二种人，那些卖我们产品的人去实施的。客户培训系统分析到这个程度，剩下来的事情就很清晰了，职业营销选手通过客户培训系统去激励客户的重点，就是去培训那些卖我们产品的人，只有把他们培训好了，他们才会帮助我们去培训广大的消费者。这些看似简单的结论，对于业余营销选手来讲，其实是十年难得的一悟。要不然，就不会有那么多企业，费力不讨好地把第一种人送到名校去读 EMBA，请到国外名企去考察了。更不会出现一些慷慨的企业在前面教育消费者，一些聪明的企业跟在后面接收已经成熟的市场的营销笑话了。

我们曾经为一家生产床垫的企业做过一个终端导购人员的培训系统。第一步是设定参加培训的最低门槛，选择出整个产品系列里利润最高的三款品种，一个月内销售这三款产品达到最低标准以上的经销商导购人员，才有资格参加培训。第二步是对所有达到最低标准以上的导购进行业绩排名，就以这三款产品的销售数量为业绩标准排名，本月排名在前

50名的就可以免费参加本月的培训。第三步是所有参加培训的人员，培训期间工资由组织培训的企业负责支付，并且每天培训给予一定金额的培训补助，前提是，参训人员按日程参加培训的同时，必须通过培训后的考试和答辩。第四步是根据所有参训人员的考试和答辩结果，评选出杰出学员和优秀学员若干人，颁发荣誉证书和奖金。轮训举办到第三期的时候，不但三款指定产品的销量增长了一倍，总体销售量也同比增长了50％。最大的收获是通过对这三期学员的答辩的整理，我们总结出了一套金牌导购八步法。因为涉及企业的商业机密，我只能简单地介绍一下这个金牌导购八步法，他们首先会告诉客户，会选择床垫的人，选择一款床垫的时候，首先一定都会先躺在床垫上面去感受一下；不会选购床垫的外行，才只是坐一坐，摸一摸。于是客户就躺在床垫上面去感受了，接下来的事情，不用我说，业余营销选手都知道应该怎样做了。这个案例展示给我们的，就是职业营销选手必须具备的，通过客户培训系统去激励客户的实战能力。

　　作为一个职业营销选手，要通过员工培训系统去激励自己的团队，首先就必须明确，我们对一个营销团队实施培训的目的是什么。职业营销选手的精力有限，培训又是一件非常耗费精力的事情，如果没有明确的目的，盲目地进行营销人员培训一定不如不做。职业营销选手培训自己的团队，永远只有两个目的："潜力挖掘"和"标准化复制"。如果我们的营销团队已经没有潜力可以挖掘，我们需要的就不是培训而是换人。潜力挖掘包括"经验挖掘"和"创新挖掘"两个层面，作为一个职业营销选手，要把自己团队的培训系统运作成一种激励，你就必须有能力把这个团队里面的经验和创新挖掘出来。经验是营销人员个人的财富，实际上更是整个营销团队乃至整个企业的财富，好的经验如果挖掘不出来，这个营销团队以前所有的一切，就变成了没有价值的回忆；死守着经验没有创新，你的营销团队就没办法应对未来的竞争，你不能把创新从团队里挖掘出来，这个营销团队的未来，就是不能实现的空想。

对于职业营销选手来讲，持续地把自己团队中的经验和创新挖掘出来，就是对整个团队最好的激励，因为这能让每个团队成员感觉到，他们的付出有价值，他们的未来有保障。职业营销选手，永远不会相信，经过了人力资源部门的入职培训的新进营销人员，已经是一个合格的营销人员了。职业营销选手坚定地认为：战斗是在战场上学会的，营销是在市场上学会的，只有市场和实战才能够真正培养出合格的营销人员。所有职业营销选手在培训自己的团队方面，都有自己的套路，这个套路的核心就是必须下市场实地培训。首先，要求每个上司，每个月必须安排一定的时间实地培训下属；其次，新进营销人员必须由老营销人员带在身边培训一段时间以后，才能决定是否聘用。上司培训下属的时候，总不能表现得没有经验吧！新进营销人员为了留下来，一定拼命地请教老员工。实际上这就是经验的挖掘。

对于创新的挖掘，最佳的方式就是从新员工培训入手，职业营销选手，要求每个下市场培训一个月的新员工，必须提出自己的营销建议，无论这些建议多么离谱或者荒谬，这种建议中最大的成分其实就是创新。当一个销售人员"一脚门里一脚门外"的时候，是"创新挖掘"的最佳时期。职业营销选手总是会把新进营销人员提出的创新建议，展示出来与老营销人员一起讨论，老营销人员经常是这样对待创新：这个想法我们也想过，但必须解决某个问题以后，才能真正推行；这个想法是很好，我们也曾经考虑过，但这样做肯定会产生另外一个问题。实际上，所有的营销创新都不是从天而降的，都是从这样的碰撞中挖掘出来的，这就是创新的挖掘。

作为一个职业营销选手，你能把自己团队的经验和创新挖掘出来，这还不是培训激励能力的全部，你还必须具备标准化复制的能力。营销经验和营销创新的价值，就体现在这些经验和创新，能够在多少个不同的市场和营销人员身上复制。这里必须温馨地提示大家的是：有些经验和创新是可以直接复制的，但有些经验和创新即使挖掘出来了，也很难复制。有用的才是知识，用上的才是智慧，作为一个职业营销选手，你必须具备把挖掘出来的经验和创新进行标准化的能力，只有那些能够形成标准的最佳实践和营销创新，才是有用的和用得上的，才能够通过培训在整个营销团队中复制，这就是"标准化复制"。

今天是职业营销选手训练的第25天，也是职业营销选手系统能力训练的第一天。我们训练的内容是培训激励能力。一个职业营销选手的培训激励能力分为两个部分：第一是通过客户培训系统去激励客户的能力；第二是通过营销人员培训系统去激励自己的团队的能力。对于职业营销选手来讲，客户培训系统不是推销前的洗脑，营销人员培训不是必须的福利和哪里痛就抹哪里的万金油，客户和营销人员激励更不是简单粗暴的金元加大棒，做得好的就给些奖励，做得不好的就拿棒子打一顿，那不是营销激励，那是殖民统治。对于掌握了培训激励能力的职业营销选手，客户培训系统和营销人员培训系统本身就是一个营销激励系统。

第二十六天：绩效管理能力

自从人力资源成为一个学历教育的专业和职场的热门职业以后，绩效就成为一个引领潮流的词汇。个人要讲求绩效，团队要讲求绩效，企业更不能没有绩效。你知道所有企业的人力资源部门最头痛的是什么事情吗？不是招聘，也不是培训，不是薪酬，也不是绩效，而是营销人员的绩效管理。对于人力资源部门来讲，唯一无法纳入绩效管理范畴的，就是营销人员的绩效管理。全世界所有人力资源部门做的，都是营销人员的绩效考核与绩效评估，考核与评估，都是营销绩效已经成为事实以后的事情，但营销绩效管理是要使营销绩效处于可控的范围以内。

自从营销成为一个学历教育的专业和职场的热门职业以后，营销人员的绩效就不在任何企业的人力资源部门管理之中了，因为远离市场一线的人力资源部门，根本无法真正控制营销的绩效。所有的企业都必须客观地面对这个无可辩驳的事实：营销人员的绩效管理，实际上一直是由职业营销选手完成的。换句话说，职业营销选手都是那些具备绩效管理能力，而不是具备绩效考核与绩效评估能力的人。业余营销选手与人力资源部门一样，他们认为：绩就是业绩，效就是效益，营销人员绩效就是营销业绩与营销效益。也正因为如此，营销人员的绩效管理，就成为世界性的营销管理难题。其实对于职业营销选手来讲，营销绩效就是目标达成的程度。职业营销选手对营销绩效的管理就是对目标达成程度的管理。

业余营销选手永远想不到职业营销选手是怎样管理绩效的，职业营销选手管理绩效的方法其实非常简单，就是谁目标完成得好，就表扬谁和奖励谁，谁目标完成得不好，就批评谁和处罚谁。这不但是简单粗暴，简直就是彻底的强盗逻辑。但在实际的营销战役当中，职业营销选手就是这样管理营销绩效的。职业营销选手在目标确定以后，所有的绩效管理工作，都围绕目标的达成程度展开，不是在销售业绩成为核算结果的时候去评判，而是在销售业绩向销售目标挺进的过程中进行控制。所以我们经常这样戏说职业营销选手的绩效管理能力：永远只有锦上添花和落井下石，绝对没有雪中送炭。职业营销选手要控制目标完成的程度，具备营销实战中的绩效管理能力，必须要把以下五件事情做到位。

第一，必须建立销售与市场结合的绩效目标体系。在建立绩效目标体系这个环节，职业营销选手与业余营销选手，一眼就可以分辨出来。业余营销选手建立的绩效目标，全部都是销售目标。典型的销售目标包括：销售额目标；销售量目标；销售回款目标；销售利润目标；销售费用控制目标。职业营销选手建立的绩效目标体系中，除了这些销售目标以外，一定包含市场目标。典型的市场目标包括：市场占有率目标；渠道管理目标（包括老客户增长目标；新客户开发目标；客户结构目标）；品种管理目标（包括品种数量目标；重点产品销量目标；品种结构目标）；品牌管理目标（包括促销管理目标；典型用户示范目标；品牌推广活动配合目标）；计划管理目标；政策执行管理目标。职业营销选手能够有效地控制目标完成的程度的前提，是职业营销选手不仅仅设定了一大堆数字构成的销售目标，更设定了把这一大堆数字转化成具体实施计划的市场目标。

第二，必须为每个目标设定基于时间的执行标准。没有目标就无法展开行动，没有基于时间的执行标准，就没有办法开展有效的行动。我们在为一家农资企业做咨询的时候，他们的管理层提出了一个这样的问题：公司规定基层营销人员每月做 4 次终端促销，关于怎样做好促销，公司也进行了很多次的培训，但基层的促销效果一直不理想。我们给出的咨询建议是：每人每月做四次促销，这是目标。这个目标下面必须设定基于时间的促销执行标准。这个标准必须明确：促销是一项常规的销售工作，并不是多多益善，要的是每次都有效果，每个销售人员月初必须上报月度促销计划，注明促销计划在哪天做，在哪个终端做，促销什么品种，需要促销品的品种和数量，由市场部审批后执行。同时公司制定"终端促销八步法"，明确促销实施的标准步骤，包括选点的标准，选时间的标准，提前几天与客户沟通，提前几天在终端宣传，现场怎样管理控制等。这就是我们说的基于时间的执行标准。再例如我们上面说的新客户开发目标，必须按照时间和客户的类别，分解为每月开发某个类别客户多少个的开发计划，而且要制定标准的客户开发方法，传达给执行开发客户的营销人员。

第三，每天沟通目标完成的程度并制定改进措施。每天沟通？累不累？烦不烦？每天沟通确实又累又烦，但职业营销选手要想管理目标的完成程度，这个又土又老，又累又烦的方法，是不二的法门。业余营销选手也会经常沟通目标完成的程度，早上一起床和晚上睡觉前，也会经常打打电话，对那些目标完成好的说：最近不错，好好干！对那些业绩完成差的说：你最近怎么回事，业绩再上不去我就调你回来单独沟通。职业营销选手从来不玩这种小孩子把戏，职业营销选手每天沟通的关键点，是改进业绩的具体措施。我们在《营销其实很简单》一书中已经讲过了，营销根本没有技巧只有措施，措施与技巧相比既不好听也不好看，但措施有效。最简单的营销措施就是落实，谁在什么时间，做什么事，怎样去做。

第四，管理绩效是层层管理而不是各个管理。在营销实战当中，目标和客户是各个击破的，但职业营销选手管理营销绩效的时候，不是针对每个环节逐个管理的，而是按照组织架构的设计，分层管理的。就拿每天沟通来说，一个管理 500 人规模的营销团队的营销总监，如果每天逐个把 500 个营销人员沟通一遍，不是一个神话就是一个传说。层层管理的具体操作方法是：首先把每个团队的目标完成程度捆绑起来，我们就拿上面的促销目标管理来讲，基层促销人员的促销目标完成考核，一定要与他的直接上级的绩效考核联系起来，这样中层才会去管理基层营销人员的促销绩效。其次是每个岗位的营销人员，只向自己的直属上级汇报目标完成程度，只管理自己直属下级的目标完成程度。这一点表面看起来再简单不过了，但业余营销选手基本上都做不到层层管理，他们不但喜欢越级汇报目标完成程度，更喜欢跨级去管理自己下属的下属，还美其名曰这就是管理扁平化。

第五，真正的管理绩效必须形成竞争。职业营销讲求的是勤和快，怎样才能让我们的营销人员更勤更快呢？最有效的方法就是形成竞争，让他们在竞争的环境中，自然地进入竞技状态。业余营销选手总是喜欢用一次性的奖励去形成竞争，有些企业设立年终大奖，到年底谁在竞争中获得第一谁就拿大奖；还有些企业设立年初大奖，年初的时候就把车钥匙和房子钥匙交给营销人员，年底完成任务，车和房子就过户到营销人员名下，完不成任务就把钥匙上交。这种一次性奖励的最大的弊病就在于，当半年过去的时候，那些目标完成程度差的就放弃了，到第四季度的时候，那些完全有把握完成目标的，也不愿意再向更高的目标冲刺了。职业营销选手在营销团队内部形成竞争的目的，不是奖勤罚懒，也不是优胜劣汰，而是要通过竞争去管理绩效，控制目标达成的程度。职业营销选手一定会把所谓的大奖，分成若干个不同阶段的单项奖励，分阶段有重点地展开竞争。比如半年的时候，职业营销选手会针对落后的群体，设立一个进步或者增长最快奖；第四季度的时候，会设立一个季度销售冲刺奖；年初的时候针对开发客户展开竞争，因为客户如果年底才开发成功，只能明年才出业绩；旺季针对促销展开竞争，拉动旺季的销售。在营销实战当中，不具备形成竞争的能力，就没有办法真正管理营销绩效。

对于一个营销选手来讲，如果不能管理营销绩效，就永远无法成为真正的职业营销选手。每个职业营销选手都清楚地知道，建立销售与市场结合的绩效目标体系，为每个目标设定基于时间的执行标准，每天沟通目标完成的程度并制定改进措施，层层管理而不是各个管理，分阶段针对性地形成竞争，这些仅仅是管理营销绩效的基础。从营销实战的角度来讲，营销绩效的管理就像吃苹果一样，不是一口吞下去的，而是一口一口咬出来的。对于职业营销选手来讲，营销绩效管理既不是一门科学也不是一门艺术，而是一项又累又烦但却必须坚持的基本工作。

第二十七天：系统控制能力

人类有一个关于征服的规律：男人通过征服世界去征服女人，女人通过征服男人去征服世界。这个规律产生的结果是：所有无法征服女人的男人，都抱怨世界太不公平；所有不能征服世界的女人，都抱怨自己的男人太无能！营销也有一个关于控制的规律：业余营销选手总是认为，只有通过控制每个营销战役的结果，才能控制整个营销系统；职业营销选手认为，并不是每个营销战役的结果都是可控的，职业营销选手控制营销系统的目的，是为了能够尽量控制更多的营销战役的结果。这个规律产生的结果就是：职业营销选手通过控制营销系统去赢得更多的营销战役；在每一次营销战役中都想获得胜利的业余营销选手，失去对整个营销系统的控制。

不能控制营销系统的业余营销选手，总是认为自己之所以不能控制营销系统，第一个原因就是控制不了人，人要是都听我的话就好了；第二个原因就是控制不了事，要是所有事情都按照我的想法去发展就好了。业余营销选手始终不知道：职业营销选手到底是怎样去控制营销系统的。如果有一件事情，我们终其一生都不知道答案，那应该怎么办呢？办法只有一个，只有等到进入天堂以后再去问上帝了。

于是所有业余营销选手，一旦进入天堂，看见上帝问的第一个问题就是：到底应该怎样去控制人。上帝笑了，上帝一看到人类思考就会笑的。上帝笑着对业余营销选手说：控制人有 15 个关键点，这 15 个关键点是：食物；性；健康；金钱；权力；地位；荣誉；好奇心；恐惧；仇恨；爱；力量；自由；嗜好；家庭。你只要掌握了其中一个，就可以控制人类中的一部分。你可以选择其中的任何一个，我都会赋予你控制这个关键点的能力，但是我要提醒你，你只能选择一个，而且一个关键点只能控制一部分人，而不是全部。

业余营销选手觉得，控制人太难了。于是他对上帝说：既然人是不可以完全控制的，那我要控制所有的事情。上帝又笑了：事情的控制，也没有你想象得那么简单，控制一件事情的方法也有三种，第一是事前控制；第二是事中控制；第三是事后控制。你现在到了天堂还念念不忘控制人和事，其实都属于事后的控制，事前的控制其实比你想象的简单很多。你要控制每个营销战役的结果，首先必须具备控制营销系统的能力。那些所谓的职业营销选手的系统控制能力，其实无非就是稳定与平衡四个字。

如果你真的想在有生之年成为一个职业营销选手，而不是做一个业余营销选手，到上帝那里去抱怨，我们温馨地提示你，必须在今天，职业营销选手训练的最后一天，掌握营销系统的控制能力。自从1948年诺伯特·维纳发表了著名的《控制论》一书以来，控制论的思想和方法已经渗透到了几乎所有的自然科学和社会科学领域。"控制论"最初来源于希腊文"mberuhhtz"，原意为"操舵术"，就是掌舵的方法和技术。营销人员对整个营销系统的控制能力，其实就是营销操舵的能力。业余营销选手之所以不能控制营销系统，关键的原因就在于他们认为这是不可能的，同一个项目，同一个产品，一百个人去做就有一千种不同的营销方法，如此庞大的系统，岂是人力能控制的？职业营销选手的想法比较简单：市场营销既然是一个创造顾客价值的同时获得企业赢利的过程，只要是过程就一定能够控制。

系统作为一个名词，指的是同类事物按一定的关系组成的整体。职业营销选手要具备营销系统的控制能力，首先就必须知道，营销系统是由哪些部分组成的。在营销实战当中，职业营销选手要去控制的，不是从事营销的人，也不是这些人做的所有的事，职业营销选手要控制的是营销系统。几乎所有的业余营销选手，都不知道营销系统是什么，实际上对于职业营销选手来讲，营销系统并不复杂，营销系统只包括生产系统、品牌系统、服务系统、销售系统四个部分。生产系统的核心是物料供应和技术；品牌系统的核心是质量，形象识别和口碑；服务系统的核心是方便和满意；销售系统的核心是发现和满足顾客的需求。

我们在《企业营销再造》一书中已经讨论过了，所有营销的成功，都是最基本常识的运用。业余营销选手一直在努力成为一个职业销售选手，他们只知道必须成为销售专家，不知道控制营销系统的前提，是必须掌握生产、品牌、服务三个系统的基本常识。生产系统的基本常识，就是我们的产品的原料供应和生产技术的常识。品牌系统的基本常识，就是产品的质量保证，品牌形象的识别，品牌口碑塑造的基本常识。服务系统的基本常识，就是服务的方便性和服务的满意度的基本常识。营销系统是一个有机的整体，职业营销选手不仅仅要做销售的专家，还必须具备生产、品牌、服务三个系统的基本常识。一个不懂生产，不懂品牌，不懂服务，只知道搞定客户卖货收钱的营销人员，可以成为职业销售选手，但永远也无法成为职业营销选手。

系统作为一个形容词的意思是"有条有理的"，也就是说，系统控制最简单的解释就是有条有理的控制。控制论的核心词汇，只有两个，就是前面上帝说的：稳定与平衡。稳定是一种状态，指所处的环境或者心境在一定量的时间之内不会轻易变化。平衡也是一种状态，处于平衡状态的物体或系统，除非受到外界的影响，它本身不能有任何自发的变化。职业营销选手的系统控制能力，就是有条有理地把营销系统控制在稳定与平衡状态下的能力。市场唯一不变的就是变化，面对市场的变化，营销系统中有一部分是需要在一定时期内保持稳定的，另外一部分要随着市场的变化而变化，并不断在动态中寻求新的平衡。营销实战当中，怎样在保持整个营销系统相对稳定的同时，应对市场的变化达到动态的平衡，就是职业营销选手系统控制能力的集中体现。

营销实战当中，职业营销选手首先必须稳定的是营销文化。营销文化是整个营销系统的导向和态度；营销文化是根植于营销系统最深处的关于市场的认识，它强烈影响整个营销系统对于市场变化的认识及采取的行动。营销文化无法保持相对的稳定，不是没有导向就是导向太多，结果就是整个营销系统的思想和行为无法统一。营销文化稳定的营销系统，无论经历多少次扩编、裁员、调岗，客户都不会产生不适应的感觉；营销文化不稳定的营销系统，就算调动一个区域经理甚至业务员，客户也要抱怨个大半年。营销文化的稳定，是一个营销系统走向成熟的标志，营销文化的精髓就是营销理念与其价值观。每个成熟的营销系统，都有自己独特的营销理念和价值观，指导整个营销系统的思想和行为。营销文化要求高度的统一和相对的稳定，一个营销文化不稳定的营销系统，基本上就处于不可控的混乱状态之中。

营销实战当中，职业营销选手还必须保持营销战略的相对稳定。营销战略是整个营销系统的选择和定位。营销战略无法保持相对的稳定，市场上的表现不是举棋不定就是摇摆不定，结果就是定位总也无法深入人心。营销战略是整个营销系统对未来做出的选择，这种选择的市场表现就是准确鲜明稳定的定位。所谓定位，就是让自己在消费者的心中占据最有利的位置，使自己成为某个类别或某种特性的代表。定位的真谛就是"攻心为上"，消费者的心灵才是营销的终极战场。现代消费者有五大思考模式：消费者只能接收有限的信息，消费者喜欢简单、讨厌复杂，消费者缺乏安全感，消费者对品牌的印象不会轻易改变，消费者的想法容易失去焦点。一个营销系统要在消费者的心中建立自己的定位，就必须保持营销战略的相对稳定。一个营销战略摇摆不定或者朝令夕改的营销系统，在消费者心中的定位一定是混乱的，这样的营销系统基本都处于不可控的状态之中。

营销实战当中，处于平衡状态的营销系统，除非受到外界的影响，它本身不能有任何自发的变化。但所有系统的平衡永远遵循四字原则：动、等、定、变。"动"的意思是说，平衡不是一潭死水，是动态的。如果我们把营销系统比喻成一个蓄水池，虽然水位表面没有变化，但它是有进水和出水的。就算整个营销系统的架构和编制没有变化，职业营销选手也会使营销人员处于流动的状态。一个没有淘汰和新鲜血液补充的营销系统，是一潭死水。"等"的意思是说，平衡中得到的与失去的总保持相等。职业营销选手平衡的是整个营销系统的投入产出，我们增加了车辆配置的预算，必然要减少人员扩编或其他方面的预算；我们打击竞争对手的同时，一定要付出"伤敌一万自损八千"的成本。"定"的意思是说，平衡以后，人们总是喜欢保持稳定，不喜欢变革，职业营销选手必须根据市场的变化，打破营销系统的平衡。"变"的意思是说，当平衡的一边改变时，另一边为了达到新的平衡，也会随之改变。市场是不断变化的，不断用市场的变化刺激整个营销系统，职业营销选手才能不断地打破和重建平衡，实施对整个营销系统的控制。

营销实战当中，职业营销选手必须平衡的是营销策略和营销执行。一旦外界的市场环境发生变化，平衡被打破以后，营销系统就必须快速作出反应。营销系统对市场的快速反应，集中体现在营销策略和营销执行两个方面。营销策略的核心是资源调配，市场一旦变化，营销资源的配置必须随之变化。关于资源的整合与调配，我们在职业营销选手训练的第 22 天已经训练过了，大家不妨从系统控制能力的角度，再去重新回顾一下第 22 天的训练内容。营销执行的核心是标准和目标。没有标准和目标，任何营销指令都无法执行，营销的执行环节对市场变化作出的反应，就是标准和目标的调整。我们举个简单的例子，比如 A 市场已经进入淡季，B 市场还处在销售旺季，我们把 A 市场一半的营销人员，调配到 B 市场去增加销售力量，这就是营销策略层面应对市场变化的资源调配。这些人到 B 市场干什么呢，总不能原来一个人的工作现在两个人去做吧，我们必须根据营销策略的重点，制定他们到 B 市场以后的工作目标和工作标准。这就是营销执行层面应对市场变化的标准和目标的调整。

温馨地提示大家，稳定是相对的，也就是说到了企业的新的发展阶段，营销系统的文化和战略，也是要重新梳理的；平衡是动态的，营销系统本身就是市场变化的快速反应系统，一旦市场环境发生变化，营销策略和营销执行必须快速作出反应。营销实战当中，职业营销选手首先必须对整个营销系统的组成，有一个清晰完整的认识，然后必须在保持营销文化和营销战略相对稳定的同时，通过营销策略与营销执行的调整，去动态平衡外部市场的变化。这样才能真正实现：有条有理地把营销系统控制在稳定与平衡的状态之下。

27天——职业营销选手的摇篮

中国有句俗语：男怕入错行，女怕嫁错郎。意思就是，先生们必须要慎重选择自己从事的行当，虽然 360 行，行行出状元，但行当一旦选错，就一步落后，步步落后。女士们相对比较简单，关键在于找一个好伴侣，然后把他紧紧抓住，基本上就解决 80% 了。这里的行当，指的就是你的职业。

每个人立足于商业社会，都有 4 种出身：家庭出身、城市出身、教育出身、职业出身。前两种自己无法选择，后两种自己决定。职业生活的表面是一样的：上班，下班，除了上班就是下班；职业生活的内涵是截然不同的，加班，加班，你不停地加班，加薪，加薪，别人不断地加薪。现代人大话版的职业取向是这样的：

钱多事少离家近，位高权重责任轻。

每天睡到自然醒，薪水领到手抽筋。

逢年过节要奖金，别人做事我加薪。

喝茶看报好开心，副业兼差薪照领。

秘书美丽属下拼，有过你扛功我领。

欧亚美非加南极，出差旅游任我行。

仔细看一下以上的十二条标准，没有一条是跟营销工作沾边的。营销人员常年出差，离家近只能在地图上看是近的；责任轻就更不用想了，不要说一个月业绩不能落后，就是落后了一旬，上司的斥责就来了。睡觉是少不了的，不过想起来那么多呆账还没收，自然就醒了。不从事营销这个职业，也许确实是一种幸福。一位从事营销十年的朋友，出差在火车上，改了一版"咱做营销的人"如下：

钱少事多离家远，位低权轻目标重。

算账算到自然醒，睡觉睡到手抽筋。

逢年过节没奖金，常年加班不加薪。

喝茶看报在车上，副业兼差是独行。

没有秘书自己拼，有过自扛功不领。

名胜古迹都路过，没有一处去玩过。

营销无疑是一个非常辛苦的职业，同时营销也是一个高压力的职业，所有企业的失败，都最终归结为营销的失败。所有营销的失败，最终都会集中体现在做营销的人不行！通常的逻辑就是：企业的战略没有对错，错就错在营销跟不上；企业的策略没有好与坏，坏就坏在我们的营销人不行；我们质量是不好，比我质量差的比我们卖的还多；我们的价格是高了点，比我们价格更高的买的人更多。另外营销还是一个高风险的行业，不要说业绩差的时候吃不上饭，就算真的获得了辉煌的业绩，成功营销的背后，也常有对营销者没有硝烟的杀戮：一幕幕"过河拆桥""鸟尽弓藏""兔死狗烹""杯酒释兵权""吃饱了就骂厨子""念完经就打和尚"的循环上映，不禁令我们由衷地感叹：商业社会，不做营销，也许真的是一种幸福。

商业社会，我们的物质资源算是相当丰富了，你身上穿的衣服是妈妈亲手缝制的吗？"慈母手中线，游子身上衣"早就成为美好的回忆了，你的衣服是营销来的，是你付出劳动换回货币，再用货币买回来的。你穿的鞋子肯定也不是自家做的，也是营销来的。你的眼镜不是自己做的，你看的书不是自家出版的，你吃的大米不是自家种的，你喝的五粮液更不是自己酿的，这一切都是营销来的。从一出生你就没有逃离营销的包围，因为你生存在商业社会，商业社会资源有限，没有可能每个人都有足够的资源去自给自足，只要资源有限，营销就无处不在，商业社会，不做营销是一种幸福，不会营销一定是人生最大的遗憾。

如果你选择了营销这个行业，做一个职业营销选手就是你的不二选择。我们经历了 27 天的职业营销选手训练，相信大家都有自己的收获。但我还是要温馨地提示大家，就算你已经成为一名职业营销选手，其实也没有什么好兴奋的，成为职业营销选手其实本来就是营销者的天职。每个职业营销选手都必须时刻提醒自己，职业营销选手不是企业家，职业营销选手可以承担营销战争的胜败，但职业营销选手不能承担企业的兴衰，碰到那些一定要把企业做死的企业家，职业营销选手还是无能为力。职业营销选手更不是任何人的工具，职业营销选手为市场而生，职业营销选手为营销而战，当一个职业营销选手感觉到，自己已经被别人看做一种工具的时候，职业营销选手也会选择转换阵营。职业营销选手的职业底线是：职业营销选手想留的时候，谁也赶不走，职业营销选手想走的时候，谁也留不住。

27 天过去了，但职业营销选手的训练，永远没有止境。职业营销选手有能力选择留在任何地方，职业营销选手也有能力选择去任何地方，但有一个地方，职业营销选手必须常回去看看，那里就是职业营销选手的摇篮——27 天营销训练营（www.27day.net）。摇篮最简单的解释，就是发源地。我们这一代职业营销选手经历了太多波折，难道下一代的职业营销选手还要重蹈覆辙吗？27 天职业营销选手训练营，是一个这样的地方：新入行的营销者在这里敲开职业营销的大门；业余营销选手在这里成为职业营销选手；老一代的职业营销选手在这里与新一代的职业营销选手交流经验；所有职业营销选手在这里一起探讨营销的过去、现在和未来。职业营销选手都在哪里呢？职业营销选手都在这里：27 天（www. 27day. net）——职业营销选手的摇篮。